HISTORIA *de* ESPAÑA

HISTORIA de ESPAÑA 9

LA ESPAÑA DE ISABEL II

DE LA REGENCIA DE MARÍA CRISTINA A LA PRIMERA REPÚBLICA (1833-1874)

Rafael Sánchez Mantero

ESPASA

Edita: Espasa Calpe, S. A.

Director General: Jorge Hernández Aliques
Director Editorial: Juan Ignacio Alonso Campos
Director de Producción: Antonio Merodio Cogolludo
Editora: Victoria Esteban-Infantes
Coordinador de Producción: Arturo Rodríguez Paredes
Proyecto: Departamento de Empresas e Instituciones
Diseño de cubierta: Álvaro Reyero

Realización Editorial: Trama Equipo Editorial
Dirección: Francisco Vega Oncins y José A. Vázquez Moreiras
Coordinación: Núria Ochoa Gómez
Maquetación: Albert Pujol Gámiz
Ilustración: Trama Equipo Editorial, Aisa, Alfa-Omega y Prisma

ISBN: 84-239-9715-4 (Obra completa)
84-239-9724-3 (Volumen IX)
Depósito legal: M. 25.012-1999

Impresión: Mateu Cromo Artes Gráficas, S. A.
Impreso en España - Printed in Spain

Índice general

La España de Isabel II

RAFAEL SÁNCHEZ MANTERO

El general Prim seguido de los voluntarios catalanes y el batallón de Alba de Tormes, atravesando las trincheras del campamento de Tetuán, óleo de Francisco Sans Cabot. (Museo de Arte Moderno, Barcelona.)

La época de las regencias (1833-1843)

La muerte de Fernando VII señala el inicio de una nueva fase en la historia contemporánea de España, para el estudio de la cual habrá que tener en cuenta dos procesos distintos y al mismo tiempo paralelos: por una parte, el que significa la consolidación del liberalismo después de los vaivenes que había sufrido desde el inicio de las reformas introducidas en las Cortes de Cádiz; por otra, la guerra carlista, que supone el último intento de resistencia de los absolutistas, que no se resignan a aceptar dichas reformas y que, bajo la bandera del hermano del rey fallecido, tratarán de oponerse violentamente al triunfo de las nuevas ideas.

María Cristina de Borbón, o de Nápoles, viuda de Fernando VII, no era en absoluto liberal, ni puede decirse que tuviese ningún punto en común con aquellos que, tras la muerte de su esposo, se ofrecían a defender los derechos de su hija Isabel al trono de España. Había sido educada en la corte napolitana de Francisco I y en el seno de una familia que había sufrido primero la intervención napoleónica y posteriormente la revolución liberal de 1820-1821, y que podía calificarse de francamente

Detalle de la carroza de la reina y algunos militares, en el cuadro pintado al óleo entre 1865 y 1867 por Mariano José Fortuny y Marsal, titulado *La reina regente María Cristina pasando revista a las tropas en 1837.* (Casón del Buen Retiro, Madrid.)

absolutista. Sin embargo, las aspiraciones de su cuñado, el infante Carlos María Isidro de Borbón, no le dejaban otra alternativa que la de ponerse en manos del liberalismo si quería proteger a su hija.

Litografía con el retrato del escritor, periodista y político Javier de Burgos, quien durante la regencia de María Cristina fue nombrado ministro de Fomento. (Biblioteca Nacional, Madrid.)

Tampoco los liberales sentían especial veneración por María Cristina, pero vieron en ella un recurso valioso para esgrimirlo contra quien aspiraba a restablecer en España el Antiguo Régimen con todas sus consecuencias. La regente, una mujer extranjera y débil, y su hija, de muy corta edad todavía, podían servir de instrumento para que el liberalismo alcanzase definitivamente el poder, amparando una transición política que se adivinaba, cuando menos, difícil y delicada. Se trataba, pues, de una conveniencia entre las dos partes, de un pacto circunstancial en el que no existían razones profundas de identidad. En esa falta de verdadera sintonía entre las partes radicaría precisamente la base de los conflictos que se plantearon durante el período de la regencia. María Cristina tratará de apoyarse siempre en los liberales más templados, pero a pesar de su actitud indisimulada no podrá evitar que el sistema político vaya adquiriendo un tono cada vez más radical.

Entre 1833 y 1840 se registró, efectivamente, una evolución del régimen político, en el que sin duda influyó considerablemente el conflicto carlista. La guerra civil, como suele ocurrir siempre, desplaza a los dos bandos hacia los extremos, y eso sucedió también en la España de estos años. ¿Qué hubiese sido del liberalismo si no hubiese estallado la guerra carlista? Es difícil saberlo, pero lo que sí puede afirmarse es que la guerra explica el extremismo progresista de 1836 o de 1840.

María Cristina se rodeó al principio de los políticos reformistas que habían colaborado con su esposo en la última etapa de su reinado y que habían intervenido a favor de un cierto aperturismo del régimen. Se trataba de elementos reformistas, a los que J. L. Comellas considera herederos del antiguo partido de José Bonaparte, o al menos herederos de su ideario, y que Palacio Atard prefiere calificar de centristas preliberales. Uno de sus máximos representantes era Francisco Cea Bermúdez, quien se hizo cargo de las riendas del gobierno a la muerte de Fernando VII. Pocos días más tarde, es decir, el 4 de octubre, la reina gobernadora –ése fue el título que se le dio– publicó un manifiesto en el que se declaraba partidaria de seguir la línea marcada por su esposo durante los últimos años de su reinado: se mantendrían la religión y la monarquía «sin admitir innovaciones peligrosas» y se llevarían a cabo únicamente reformas administrativas, que son las «únicas que producen inmediatamente la prosperidad y la dicha, que son

REVOLUCIONES LIBERALES

sólo un bien de un valor positivo para el pueblo...».

El manifiesto expresaba con claridad lo que verdaderamente pensaba Cea Bermúdez: reformismo administrativo y conservadurismo político. Su propósito era el de tranquilizar a aquellos realistas que no se habían pasado al bando carlista, pero que desconfiaban seriamente de las veleidades aperturistas. Pero también se deja traslucir en el texto el deseo de ganarse a los liberales con las reformas o con la libertad de comercio. Sin embargo, su deseo de concordia no prosperó, y en vez de una transición pacífica hubo ruptura: estalló la guerra. Ahora bien, el hecho de que el poder y todo el aparato estatal permaneciesen en manos de los cristinos (llamados así por su fidelidad a la reina gobernadora) permitió que el gobierno conjurase muchas de estas revoluciones en su mismo nacimiento antes de que cobraran fuerza. Sólo consiguieron mantenerse en las regiones vasco-navarras, Cataluña y el Maestrazgo. No obstante, bastó esto para que sobreviniera la guerra civil, que era lo que Cea quería evitar.

Para llevar a cabo esta política de reformas se nombró ministro de Fomento a Javier de Burgos, quien llevó a cabo una de las obras más importantes realizadas durante aquel período, consistente en la distribución de España en 49 provincias. La medida no constituía una novedad, ya que la división del país en circunscripciones territoriales más pequeñas y

Llegada de la partida carlista de Juan Castells a un pueblo de Cataluña. (Biblioteca Nacional, Madrid.)

funcionales que las existentes durante el Antiguo Régimen se había intentado ya en varias ocasiones anteriores. Las más recientes, durante el reinado de José Bonaparte, y, sobre todo, la llevada a cabo en 1822, en el Trienio Liberal, que, con pequeños retoques, fue en realidad la que se aplicó en 1833. En ella se aprecia el deseo de buscar la adecuación entre las nuevas circunscripciones que se crean y los antiguos reinos.

A pesar de las críticas que se han hecho desde entonces a la división provincial del territorio español efectuada por Javier de Burgos, su acierto se pone claramente de manifiesto por el simple hecho de haber sido la única reforma de la época que ha perdurado hasta nuestros días. Ha sobrevivido, incluso, a la nueva división territorial de las comunidades autónomas regulada por la Constitución de 1978.

Las reformas administrativas, con ser eficaces, no satisfacían a los elementos más liberales, que demandaban también reformas políticas. ¿Quiénes eran estos elementos? No debemos olvidar que en 1833 se produjo el definitivo regreso a España de los exiliados liberales que habían tenido que permanecer en Francia, en Inglaterra y en otros países desde la restauración de la monarquía absoluta de Fernando VII en 1823. Algunos de ellos habían vuelto acogiéndose a las amnistías promulgadas desde 1830, pero la mayoría había quedado exceptuada de estas medidas de gracia y tuvo que esperar a la muerte del rey para volver a España. La verdad es que muchos de estos liberales, que habían profesado unas ideas exaltadas durante su juventud, habían templado considerablemente su actitud política durante los años del exilio. De todas formas, su incorporación a la vida política española supuso una presión cierta sobre el sistema, capaz de influir en su evolución.

Nombres como los de los emigrados Martínez de la Rosa, Francisco Javier de Istúriz, Juan Álvarez Mendizábal y tantos otros no iban a tardar mucho en aparecer en los puestos políticos de mayor responsabilidad del país. Sin embargo, el golpe decisivo contra Cea Bermúdez no lo dieron estos liberales civiles, sino los generales Llauder y Quesada, a comienzos de 1834. Ambos militares ocupaban las capitanías generales de Cataluña y Castilla la Vieja, respectivamente, y aunque sus intenciones políticas no aparecieron en aquellos momentos demasiado claras, solicitaron de la reina gobernadora reformas políticas y una reunión de Cortes. Cea Bermúdez tuvo que dimitir el 15 de enero de 1834. El liberalismo daba un paso hacia delante, mientras que la guerra carlista se recrudecía en el Norte.

LA PRIMERA GUERRA CARLISTA

No resulta fácil determinar con claridad los orígenes del carlismo pues, como ha advertido Julio Aróstegui, aunque en términos generales constituya una respuesta a los proyectos y realizaciones concretas del revolucionarismo burgués, sus raíces sociales y su contenido ideológico son sumamente complejos.

A pesar de que el movimiento carlista tomó forma definida a partir de la muerte de Fernando VII en 1833, el nombre de su hermano, el infante Carlos María Isidro, había sido esgrimido con anterioridad, durante la Década Ominosa, por aquellos que lo consideraron como posible salida a la actitud aperturista que adoptó el monarca y que dio lugar a brotes insurreccionales de la envergadura de la llamada «guerra de los Agraviados». Carlos, sin embargo, se quiso mantener apartado de estas actividades conspiratorias a las que le incitaban sus partidarios, mientras durase el reinado de su hermano.

Retrato de Carlos María Isidro de Borbón, hermano de Fernando VII y pretendiente a la Corona española.

El infante Carlos María Isidro había nacido en Madrid en 1788 y era, por tanto, cuatro años más joven que su hermano Fernando. Aunque había recibido una elevada educación y mostró una cierta inclinación hacia las artes y las letras, su carácter era blando, y escaso su talento. Carlos Seco, apoyándose en algunas de sus cartas, que ha estudiado a fondo, afirma que su ideología era de una «simplicidad llena de candor» y que su espíritu estaba cerrado a toda novedad «peligrosa». Estuvo casado con la princesa portuguesa María Francisca de Asís, y cuando enviudó, con la hermana de ésta, María Teresa de Braganza. Estos matrimonios le llevaron a la corte de su cuñado, el rey Miguel de Portugal (1828-1834), quien se hallaba enfrentado a su hermano Pedro, en un conflicto que reunía características similares a las que más tarde iban a producirse en España.

A la muerte de Fernando VII, el infante Carlos se negó a reconocer los derechos de la princesa de Asturias a ocupar el trono, al que se creía con título mejor, y adoptó el nombre de Carlos V. En el *Manifiesto de Abrantes*, que publicó el 1 de octubre de 1833, hacía valer sus pretensiones, haciendo referencia más a las razones jurídicas que a las ideológicas.

Las insurrecciones carlistas comenzaron a producirse en el mes de octubre de 1833 y se generalizaron por todo el país, aunque sólo llegaron a cuajar plenamente en el País Vasco, en Navarra, en Cataluña y en la zona del Maestrazgo. En los primeros momentos pareció que el gobierno de María Cristina no iba a encontrar graves dificultades para sofocar estos brotes, pues la mayor parte de ellos se hallaban dirigidos por gente con poca preparación y, sobre todo, hacían gala de una gran falta de organización y carecían de armamento adecuado. No obstante, Bilbao y Vitoria pasaron con prontitud al bando carlista, si bien es cierto que esta situación duraría poco tiempo. En Navarra fracasó el levantamiento en un principio y San Sebastián y Tolosa permanecieron al margen del conflicto. En el Levante, los cabecillas de la sublevación no se pusieron de acuerdo y, aunque entre ellos había militares, como Carnicer, de notable experiencia, sus divisiones y rencillas pesaron mucho. Tampoco en Cataluña el bando carlista tuvo un brillante comienzo, a lo que sin duda contribuyó la eficaz labor represora del capitán general Llauder.

En realidad, el bando carlista carecía de jefes capaces y sus fuerzas estaban basadas fundamentalmente en las partidas, sin dirección ni mando. Por eso los tres primeros meses de la guerra constituyeron una fase poco definida, en la que sólo hubo tanteos, que si tuvieron alguna significación fue la de esbozar la geografía que señalara dónde se centraban los focos más importantes y dónde podían los cristinos contar con la fidelidad de la población. Si, como afirma Raymond Carr, las autoridades liberales hubiesen sido capaces de enviar un ejército bien armado y bien pertrechado al Norte durante estos primeros momentos del alzamiento, seguramente la guerra hubiese terminado mucho antes. Pero la falta de decisión y las dificultades con las que tuvieron que enfrentarse los primeros gobiernos de María Cristina para asentar el sistema constitucional de una manera definitiva, permitieron a los carlistas extender su movimiento, lograr una cierta organización y conseguir armamento para hacer frente a la ofensiva posterior.

Las razones de la causa carlista

Dada la forma en la que se inicia el conflicto, habría que preguntarse en primer lugar el porqué de esta distribución geográfica del carlismo.

El levantamiento carlista fue secundado fundamentalmente en las regiones forales. Esta circunstancia no resulta del todo casual, pues, ciertamente, la cuestión foral está en el fondo de las aspiraciones de los insurrectos, aunque su defensa no fuese la única causa que provocó el levantamiento. El liberalismo era fuertemente centralizador y contrario, al menos teóricamente, a cualquier tipo de privilegios en el plano personal, económico o institucional. Los gobiernos autónomos, las exenciones fiscales, la aplicación de la justicia con jueces propios y, según las leyes tradicionales, y la exención de quintas en el servicio militar, formaban parte de estos regímenes peculiares que habían mantenido sus diferencias con el resto de las regiones españolas. En Guipúzcoa, Álava y Vizcaya, la conciencia foral estaba fuertemente arraigada y lo mismo ocurría en Navarra, cuyo sistema de autogobierno era aún más fuerte que en las llamadas «provincias exentas» por su peculiar régimen fiscal. Así pues, podría pensarse en la existencia de una inevitable relación entre carlismo y foralismo, pues, además,

Ataque a un convoy carlista durante la batalla de Arlabán, según un óleo de Genaro Pérez Villaamil. (Museo de Bellas Artes, Buenos Aires.)

resulta evidente que en otras regiones españolas donde no existía tal conciencia, el carlismo, o no existió o tuvo un apoyo muy débil, como fue el caso de Andalucía o Extremadura.

Sin embargo, la historiografía ha minimizado la importancia de la cuestión foral a la hora de buscar las causas de la localización geográfica del fenómeno carlista. Y, en efecto, hay que admitir que en los territorios donde cuajó el levantamiento había de igual forma un foralismo que era de signo liberal, y que se manifestó en reiteradas ocasiones favorable a la causa isabelina, pero también inclinado al mantenimiento de los fueros. Tal fue el caso, por ejemplo, de la villa de Bilbao, la cual, como nos recuerda Palacio Atard, solicitó a las Cortes el 10 de junio de 1837 como premio a su lealtad a la causa liberal, después de haber resistido dos asedios del ejército carlista, la conservación de los fueros. Lo mismo se alega para el caso

Patrulla cristina junto al puente del Diablo, en las proximidades de Martorell, durante el conflicto carlista.

de Cataluña, donde también existía una corriente foralista liberal y en la que se creó, a iniciativa del propio capitán general, un organismo integrado por dos representantes de cada una de las diputaciones provinciales, el llamado Consejo Superior Central de Cataluña, con el objeto de enarbolar la bandera del foralismo y que no fuese de uso exclusivo de los carlistas.

Si la cuestión foral no explica suficientemente la geografía del carlismo, sus razones habrá que buscarlas en la realidad social de esos territorios. En términos generales, se ha afirmado en más de una ocasión que la guerra carlista es la lucha del campo contra la ciudad. Y, en efecto, la base social del carlismo hay que buscarla esencialmente en las zonas rurales del País Vasco, de Navarra, de Aragón y de Cataluña. Las ciudades importantes como Bilbao, después de los primeros momentos, San Sebastián, Pamplona o Vitoria se decantaron por la defensa del sistema liberal. Sin duda, las ventas de bienes comunales que se llevaron a cabo en Guipúzcoa y Vizcaya a partir de 1808, contribuyeron a deteriorar la situación de un amplio sector del campesinado, mientras que benefició a las clases más ricas. Esa identificación que los elementos rurales más primitivos establecieron inmediatamente entre el liberalismo y la alteración de su estatus económico explicaría su adscripción al bando carlista.

Sin embargo, cabría objetar a estos argumentos que una situación similar se producía en otras zonas de España, como por ejemplo en Andalucía, en las que también se degradó la situación del campesino pobre durante el primer tercio del siglo XIX, sin que eso le llevase a apoyar la causa de Carlos. El historiador Julio Aróstegui apunta una hipótesis que hay que tener en cuenta. El apoyo al carlismo en estas zonas del norte del país sería una respuesta a la amenaza de proletarización, más que a la proletarización misma del campesinado. En el campesinado vasco o navarro se mantenía, a pesar de todo, una situación de equilibrio social que no existía en el Sur, en donde los contrastes entre ricos y pobres eran mucho más evidentes, y donde la mayor parte de sus elementos estaban ya fuertemente proletarizados.

Ideológicamente, el movimiento carlista era débil. Su único atractivo en este plano podía constituirlo su defensa de las ideas tradicionales de la monarquía de derecho divino, la religión y la Iglesia, supuestamente amenazada por el triunfo de la revolución liberal. Pero no contó el carlismo en esta fase inicial con elementos de suficiente valía intelectual como para ser capaz de formular un cuerpo de doctrina estructurado y coherente. Sólo el clero, cuyo apoyo a Carlos y a lo que representaba era perfectamente explicable en razón de la actitud que el liberalismo había tomado con respecto a los bienes de la Iglesia, acertó a dotar al movimiento de una mínima cobertura ideológica, suficiente para captar a la gente más llana y simple del elemento rural. En este sentido, el carlismo se convirtió en el símbolo de la resistencia frente a la descomposición de las formas de vida tradicionales, o en el símbolo de la oposición a la revolución, a cuyo triple lema, «igualdad, libertad y fraternidad», opuso la «alianza del altar y el trono».

La complejidad del fenómeno carlista y su distribución en la geografía española sólo puede explicarse teniendo en cuenta estos tres elementos que acabamos de analizar: el elemento foral, el socioeconómico y el ideológico. Conjuntamente dieron fuerza a un movimiento capaz de enfrentarse a la voluntad testamentaria de Fernando VII y al sistema establecido a partir de 1833. La guerra duró siete años, y después de esos alzamientos iniciales en el otoño de 1833 cobró una dimensión más seria como consecuencia de la mejor organización de las fuerzas carlistas y de la postura adoptada por las potencias europeas.

EL DESARROLLO DE LA GUERRA CIVIL

En el desarrollo del conflicto tuvo decisiva importancia el nombramiento del coronel Tomás Zumalacárregui para el mando superior de las tropas carlistas en Navarra, el 14 de noviembre de 1833.

Tomás Zumalacárregui había luchado en la Guerra de la Independencia y después había militado en las facciones realistas durante el Trienio Liberal. Aunque había servido a las órdenes de algunos mandos que se habían mostrado fieles a la causa de Isabel II, como los generales Fernández de Córdova y Quesada, éstos no pudieron atraerse la lealtad del veterano coronel, que vivía retirado en Pamplona. Sí, por el contrario, supieron hacerlo los carlistas navarros, que pronto comprobarían los resultados positivos de su acertada elección.

Tomás Zumalacárregui, general carlista que apoyó a Carlos María Isidro de Borbón frente al ejército cristino. (Museo de San Telmo, San Sebastián.)

Casi simultáneamente a este nombramiento en el bando carlista, el gobierno de Cea Bermúdez designó al general Sarsfield para que se hiciese cargo del ejército cristino y limpiase la zona de Castilla de las bandas dispersas de elementos carlistas y marchase después hacia el Norte para reprimir los brotes que habían surgido allí. El 19 de noviembre marchó Sarsfield, con las escasas tropas que

Las tropas carlistas de Dorregaray atraviesan los Pirineos después de la derrota.

había logrado reunir, hacia Vitoria, ciudad que tomó el día 21 sin apenas encontrar resistencia. A continuación se dirigió a Bilbao, ciudad que también cayó fácilmente en sus manos al cabo de cuatro días. Las dos únicas capitales que habían estado inicialmente en poder de los carlistas pasaban al bando liberal, relegando el movimiento insurreccional a las zonas rurales. Sin embargo, Sarsfield, descontento por no encontrar el apoyo que pretendía para reforzar las posiciones ganadas, dimitió y fue sustituido por el general Jerónimo Valdés.

Zumalacárregui no pudo hacer otra cosa, hasta la primavera de 1834, que aprovecharse del exacto conocimiento del terreno por parte de sus hombres para utilizar con éxito la táctica del hostigamiento al enemigo mediante la sorpresa y la rapidez en la acción. Pero, al mismo tiempo, la posición que fue adquiriendo (fue nombrado por Carlos mariscal de campo) y la fama que consiguió en todo el territorio sublevado, le permitieron tomar medidas para dotar a su ejército de una mejor organización y una disciplina más estricta. El 27 de enero de 1834 se apoderó de la fábrica de armas de Orbaizeta, lo cual supuso la posibilidad de repartir entre sus soldados 50.000 cartuchos, repuestos de fusiles y la obtención de un cañón de bronce. Pero, además, la toma de Orbaizeta suponía el preludio de ulteriores conquistas de puntos fortificados mediante los cuales iban a adquirir los carlistas una excelente base de operaciones a la que sacarían gran partido.

Valdés, quejoso también por la falta de medios de que disponía, fue sustituido pronto por José de Quesada como general en jefe del ejército del Norte, mientras que la zona de Vizcaya se confiaba al general Espartero. Quesada quiso resolver la guerra mediante negociaciones con Zumalacárregui, el cual había servido con anterioridad a sus órdenes. Sin embargo, éste sólo aceptó las propuestas liberales con el fin de ganar tiempo. Al cabo de un mes se reanudaron las hostilidades con un encarnizamiento y una violencia por ambas partes como no se había conocido hasta aquellos momentos. A los fusilamientos de prisioneros por parte del ejército cristino, se sucedían las ejecuciones de los soldados capturados por los carlistas. Quesada se daba cuenta de que sin un mayor apoyo por parte del gobierno, difícilmente podría ocupar y dominar aquellos territorios. Los escasos hombres con los que contaba no le permitían ocupar las provincias vascas y aislar totalmente al enemigo, procedimiento que a su juicio era el único racional para acabar con aquella guerra. Necesitaba 14.000 hombres más «para obligarles a luchar y para hacerme con sus recursos».

Fuera de la zona vasco-navarra, la guerra también se incrementaba, sobre todo en Cataluña y en el Maestrazgo, en donde los carlistas consiguieron algunos éxitos en las escaramuzas conducidas por Carnicer y Cabrera. Sin embargo, no existía la posibilidad de una ocupación del territorio como ocurría en el Norte.

Carlos, desde Portugal, fomentaba la insurrección realista, lo cual no dejaba de constituir un problema para el gobierno liberal, que no se atrevía a intervenir militarmente más allá de la frontera con el país vecino para no enturbiar las relaciones con Inglaterra, su tradicional aliada. Inglaterra había reconocido a la hija de Fernando VII, como también lo había hecho Francia. Las llamadas potencias de la Santa Alianza, Austria, Rusia y Prusia, aunque no habían llegado a reconocer a Carlos, le prestaban su apoyo moral y sus simpatías. El gobierno de Martínez de la Rosa, a través de su embajador en Londres, el marqués de Miraflores, negoció un acuerdo con Inglaterra, Francia y el gobierno portugués de María, firmado el 22 de abril, mediante el cual se prometía apoyo a la reina portuguesa frente a Miguel y a Isabel II contra su tío Carlos. El acuerdo sellaba la llamada Cuádruple Alianza.

Carlos tuvo que salir de Portugal, pero después de pasar por Inglaterra brevemente se dispuso a marchar a España, cuya frontera atravesó el 12 de julio. José Ramón Rodil, que había sustituido a Quesada en el ejército del Norte, se esforzaba por establecer una línea de controles desde Pamplona a Vitoria, por una parte, y desde aquella ciudad a Logroño, por otra. Sin embargo, no pudo impedir que Carlos atravesase las provincias vasconavarras impunemente, ni que Zumalacárregui fuese aumentando sus batallones con los que seguía hostigando a las superiores fuerzas de los cristinos. Los fracasos sucesivos del general Rodil en el verano de 1834 llevaron al gobierno a disponer que se formasen dos ejércitos, uno destinado a operar en Navarra, a cuyo frente se designó al general Mina, el antiguo guerrillero que conocía perfectamente el territorio que ahora quedaba bajo su mando. El otro ejército se destinó al País Vasco y estaba a las órdenes del general Osma.

La situación del conflicto no cambió mucho y básicamente seguía desarrollándose según el esquema inicial: marchas y contramarchas del ejército liberal que infructuosamente trataba de fijar a las escurridizas tropas enemigas que rehuían el combate

Ramón Cabrera, jefe de las tropas carlistas en el frente de Levante.

abierto. De esta forma, los liberales no podían dominar el territorio ni los carlistas ocupar nuevas posiciones. El general Fernández de Córdova llamó a esta fase del conflicto la «guerra lánguida», lo que refleja perfectamente el ritmo con el que se desarrollaba y la ineficacia de las acciones de ambos contendientes. Parecía evidente que no eran sólo los cambios en el mando lo que llevaría a la rápida victoria a la causa de Isabel II, sino mayores dotaciones de armas, pertrechos y hombres, para lo que hacían falta más medios económicos, de los que no disponía por el momento Madrid.

Valdés se hizo cargo por segunda vez del ejército del Norte, y su decidido propósito de derrotar como fuese al general Zumalacárregui le llevó a iniciar una acción precipitada sin medir las consecuencias. Penetró en las sierras de Urbasa y Andía, y en el valle de las Amézcoas fue derrotado estrepitosamente por los carlistas el 22 de abril de 1835. Su retirada hasta Estella fue penosa y el general Valdés perdió gran número de hombres, así como gran parte de su equipo y armamento.

Cruz del sitio de Bilbao de 1835, en el que fue derrotado Tomás Zumalacárregui. (Colección particular, San Sebastián.)

En el Maestrazgo, la situación de los carlistas seguía siendo débil, pero Cabrera se hizo cargo del mando al morir Carnicer cuando se trasladaba a Navarra para pedir refuerzos a Carlos. El ascenso de Cabrera, que algunos creyeron producto de turbias maquinaciones, contribuyó a mejorar notablemente la posición de los insurrectos de aquella zona. Igualmente, en la primavera de 1835, el carlismo pareció reforzarse por Cataluña, Castilla la Nueva y Extremadura. Sin embargo, estos focos no resistieron durante mucho tiempo.

La falta de entendimiento que siempre existió entre el general Zumalacárregui y el entorno político y burocrático del pretendiente Carlos se puso claramente de manifiesto con motivo de la decisión de atacar Bilbao. El general navarro era partidario de dirigir todos los esfuerzos a poner sitio a Vitoria para, desde allí, penetrar por Burgos y Castilla, donde esperaba encontrar una buena acogida por parte de la población civil. Pero Carlos y su corte impusieron su criterio y decidieron llevar a cabo la inmediata toma de Bilbao, por su importancia económica y estratégica como puerto de mar. El 10 de julio se presentaron las tropas carlistas ante las lindes de la capital vizcaína, y el 15 fue herido Zumalacárregui en una pierna. Diez días más tarde moría en Cegama como consecuencia de ello. El sitio de Bilbao fracasó y el 1 de julio tuvieron que retirarse las tropas que le asediaban. Pero, con ser importante este fracaso, fue aún más importante para la causa carlista la desaparición de la figura que más había contribuido a la creación de un verdadero ejército, capaz de hacer frente a la ofensiva liberal.

La falta de un militar de talla que tomase el relevo de Zumalacárregui se advirtió a las pocas semanas, cuando las tropas cristinas al mando del

Grabado que representa la Acción de Mendigorría durante la primera de las guerras carlistas. (Museo Histórico Militar, San Sebastián.)

general Fernández de Córdova derrotaron a los carlistas en Mendigorría, el 16 de julio. Fue un golpe muy duro para el bando carlista, aunque los estudiosos afirman que este hecho de armas no cambió el curso de la guerra. Y es que el ejército liberal seguía sin estar en condiciones de aprovechar una victoria como aquélla, puesto que se encontraba muy justo de fuerzas y escaso de moral, ya que los soldados no recibían sus pagas desde hacía tiempo. Sin embargo, está claro que la muerte de Zumalacárregui y la derrota en Mendigorría señalan la terminación de la primera fase de la guerra.

LAS EXPEDICIONES CARLISTAS Y LA DERROTA FINAL

La táctica de salir del territorio del Norte mediante expediciones que trataban de introducirse en el campo del adversario para provocar el levantamiento de los españoles a favor de la causa de Carlos se había practicado desde 1835. En el mes de agosto de ese año, Juan Antonio Guergué había partido de Navarra con el propósito de introducirse en Cataluña para unificar las distintas fuerzas que operaban en aquella región. Su misión, sin embargo, no se había visto coronada por el éxito. A pesar de todo, los hombres que rodeaban al pretendiente eran partidarios de potenciar estas expediciones a otros lugares de la Península, en contra de la opinión de los militares experimentados, como Eguía, quienes pensaban que era un derroche inútil.

La más importante y conocida de estas expediciones fue la del general Miguel Gómez, quien llevó a cabo una espectacular incursión de Norte a Sur, entre junio y diciembre de 1836. Al mando de 3.000 hombres marchó primero a Asturias, desde allí a Castilla la Vieja, después pasó por Aragón, bajó a Cuenca y por fin alcanzó Andalucía, que recorrió hasta Gibraltar. La resonancia de aquella expedición fue considerable y hasta el zar Nicolás I preguntaba a sus colaboradores qué noticias llegaban de Gómez y cómo se iba desarrollando su recorrido.

Sin embargo, los resultados de su aventura fueron nulos, y Gómez, ante el acoso de las fuerzas liberales, que enviaron en su persecución a las más destacadas figuras de su ejército, como el propio ministro de la Guerra, Rodil, a Espartero o a Narváez, tuvo

Grabado con representación de la entrada de Carlos María Isidro de Borbón en España al comienzo de la Expedición Real. (Biblioteca Nacional, Madrid.)

que regresar al Norte sin haber cubierto ningún objetivo concreto. Su peripecia sólo sirvió para demostrar, además de su habilidad para sortear al enemigo, el escaso control que los cristinos podían ejercer sobre los territorios que en principio se habían mostrado adictos a la causa de Isabel II.

En 1837 se produjo la llamada Expedición Real, consistente nada menos que en el intento del pretendiente de llegar a Madrid para negociar una solución a la guerra con la reina gobernadora. Para Pirala, existían ya unos contactos previos, llevados a cabo mediante agentes, que preveían, incluso, el matrimonio entre la reina Isabel y el hijo de Carlos, el conde de Montemolín, Carlos Luis de Borbón. Si esos propósitos eran firmes, es una cosa que la historiografía reciente no ha podido aclarar aún, pero lo que realmente ocurrió fue que al llegar a las puertas de la capital, los carlistas no se decidieron a atacar. Madrid sólo estaba defendida en aquellos momentos por la Milicia Nacional, y las fuerzas de Carlos apenas hubiesen encontrado resistencia.

El porqué de su retirada es una cuestión sobre la que tampoco se ha dado una razón convincente. Sin embargo, la Expedición Real constituye un episodio importante en el desarrollo del conflicto por cuanto señala el intento de darle una solución política negociada, ante la prolongación del enfrentamiento armado.

A partir del fracaso de la Expedición Real se entra en la última fase de la guerra. En esta etapa se aprecia ya una notable superioridad del ejército liberal sobre el carlista, producto en buena medida del desahogo que había significado para el gobierno de María Cristina la operación desamortizadora de los bienes eclesiásticos. Sus beneficios, si bien es cierto que más reducidos de lo que en un principio habían pensado sus promotores, sirvieron al menos para dotar de más medios al ejército del Norte. Ahora, bajo el mando del general Espartero, podía contar con 10.000 hombres y 700 cañones. El general Espartero restableció, además, la disciplina en el Ejército y castigó severamente los brotes de desobediencia que se habían producido en su seno y que habían dado lugar a violentos enfrentamientos, e incluso a los asesinatos del general Sarsfield y del coronel Mendívil.

En el bando carlista también fue determinante la entrega del mando al general Maroto en junio de 1838. Rafael Maroto había nacido en Lorca en 1783, y a los once años había ingresado en la clase de cadetes del Regimiento de Infantería de Asturias. Durante el reinado de Fernando VII había luchado en la Guerra de la Independencia y posteriormente en América, frente a los insurrectos de Chile y Perú. Era un hombre de una personalidad carismática y gozaba de una gran popularidad, lo que provocó celos y sospechas entre los elementos que rodeaban a Carlos.

Desde su nombramiento como jefe del ejército carlista, su labor consistió esencialmente en poner orden en sus filas y en limitarse a mover las tropas con la mayor prudencia. Maroto formaba parte de la facción transaccionista, abierta a una solución de tipo político, aun a costa de importantes renuncias, y fue eliminando de los puestos clave a los apostólicos, enemigos acérrimos de cualquier acuerdo de esta índole. La actitud del nuevo jefe del ejército avivó las tensiones, que desembocaron en un intento de conspiración contra Maroto, descubierta por la rápida acción de éste, que mandó fusilar a elementos tan destacados como los generales Sanz y Guergué, así como a otros jerarcas del carlismo intransigente. Dada la situación, parecía evidente que no había ya otra salida que la pactada. Espartero se hacía cada vez más dueño del territorio carlista, y en la ofensiva emprendida en la primavera de 1839 dejó bien claro que la resistencia sería cada vez más difícil.

Abrazo de Vergara, que tuvo lugar en 1839 entre los generales Maroto (carlista) y Espartero (isabelino o cristino). (Museo Militar, San Sebastián.)

Al parecer, los contactos entre Espartero y Maroto, que habían sido compañeros de armas en Perú, se habían iniciado en el mes de febrero de 1839, pero las negociaciones eran complejas y difíciles. El general carlista pretendía que se reconociesen los derechos de Carlos, aunque fuese mediante el matrimonio entre su heredero y la hija de Fernando VII. Espartero, por su parte, alegaba no tener autorización más que para excluir a Carlos y a su familia de toda pretensión al trono

Rafael Maroto, general carlista que protagonizó junto a Espartero el Abrazo de Vergara.

español y para reconocer los fueros y los mandos y empleos del ejército carlista. Tanto Francia como Inglaterra presionaban también para que el pretendiente renunciase a sus derechos y para que un acuerdo diese fin al conflicto.

Entretanto, Espartero proseguía la campaña con todas sus fuerzas para apoyar las negociaciones. En abril se apoderó de los fuertes de Ramales y Guardamino en Vizcaya, hecho de armas por el que se le dio el título de duque de la Victoria. Más tarde ocupó Orduña, Amurrio y Balmaseda, y entró en Vitoria el 9 de agosto.

Puestas así las cosas, Maroto se avino a firmar el 31 de agosto de 1839 el Convenio de Vergara, mediante el cual reconocía los derechos de Isabel al trono español y conseguía a cambio promesas sobre la conservación de los fueros, así como el mantenimiento de las pagas y empleos de los oficiales de su ejército. Un sector del carlismo nunca le perdonaría su actitud, que fue considerada por los más intransigentes como una verdadera traición.

Carlos tuvo que abandonar España el 14 de septiembre y con ello se liquidaban las posibilidades del carlismo después de siete largos años de lucha. Todavía Cabrera, en la zona de Levante, ignorando el acuerdo de Vergara, siguió peleando durante algún tiempo, dando muestras de una agresividad y de un coraje que le valieron el apelativo de *El Tigre del Maestrazgo*. Al final, tuvo que acudir Espartero con importantes contingentes de su ejército para forzar su retirada hacia Francia, cosa que no consiguió hasta comienzos de 1840.

EL ESTATUTO REAL

Mientras transcurría la guerra carlista, los liberales iban ganando terreno en el ámbito político e institucional de la regencia de María Cristina. Después de la dimisión de Cea Bermúdez, y tras un intento de recomposición del mismo gabinete, la reina gobernadora acabó transigiendo con Martínez de la Rosa, a quien nombró nuevo jefe de gobierno en 1834.

Francisco Martínez de la Rosa era todavía un hombre joven, aunque había participado ya en las Cortes de Cádiz, donde llegó a defender la pena de muerte para aquellos que intentasen reformar la Constitución. Su radicalismo se había suavizado mucho durante el Trienio Liberal, pero los años de destierro que tuvo que pasar en Francia durante la segunda etapa absolutista de Fernando VII le habían convertido en un liberal muy moderado. Eso le permitía ahora aparecer como una especie de símbolo de la reconciliación. Sin embargo, aunque fue considerado como elemento de concordia, su designación significaba un paso del sistema político hacia la izquierda.

Entre las medidas que tomó el nuevo gabinete hay que señalar la

Señores procuradores del reino en las Cortes Generales de la legislatura de 1834, con los retratos de (de izquierda a derecha y de arriba abajo) Joaquín María Ferrer (por Guipúzcoa), Agustín Argüelles (por Oviedo), Antonio Alcalá Galiano (por Cádiz), Miguel Chacón (por Almería) y Álvaro Flórez Estrada (por Oviedo).

supresión de los conventos cuyos miembros apoyasen a la facción de Carlos, lo cual significaba la primera medida contra la Iglesia que tomaba el nuevo régimen, y la concesión de una amnistía total. Pero lo que realmente significó la aportación de Martínez de la Rosa al proceso de transición política hacia el liberalismo pleno fue la promulgación del Estatuto Real de 1834. Con ello se satisfacía la petición de los generales Llauder y Quesada y se proporcionaba al régimen político un instrumento válido para el funcionamiento de las Cortes, sin que se asustase demasiado a los realistas más conservadores que no habían llegado a caer en el carlismo.

El Estatuto Real venía a sustituir a la Constitución de 1812, cuya inviabilidad práctica se había puesto de manifiesto durante el Trienio Liberal. No obstante, el documento de Martínez de la Rosa no puede considerarse como una Constitución. El Estatuto Real de 1834 no es una Constitución, en el puro sentido jurídico-político, pues sólo se limita a regular el funcionamiento del órgano legislativo y no se refiere a los poderes ejecutivo y judicial, que quedan al margen de su articulado. Además, no establece principios generales ni, tampoco, trata de definir el conjunto del sistema político que pone en marcha con su vigencia.

El Estatuto Real está estructurado en cinco títulos y éstos divididos en cincuenta artículos. Establece la reunión de las Cortes en dos cámaras: el estamento de próceres y el estamento de procuradores. El primero de ellos estaría formado por los arzobispos, obispos, grandes de España, títulos de Castilla y los propietarios o intelectuales que tuviesen una renta superior a los 60.000 reales y que fuesen designados por la Corona. En el estamento de procuradores tendrían asiento todos los españoles mayores de treinta años, poseedores de una renta anual de al menos 12.000 reales y elegidos de acuerdo con la ley electoral correspondiente. Esa ley se promulgó el 20 de mayo y establecía dos escalones en el proceso electoral: las juntas electorales de partido, formadas por los individuos que integraban el Ayuntamiento y un número igual de los mayores contribuyentes, de tal forma que el cuerpo electoral lo compondrían de 16 a 26 ciudadanos; y las juntas electorales de provincia, formadas por los compromisarios elegidos por las juntas de partido y que eran los que elegían directamente a los diputados. El número de compromisarios sería de 950. El sistema electoral, además de directo, era extremadamente censitario, ya que los españoles con derecho al voto no llegaban al 0,15 % de la población.

Por otra parte, según el Estatuto, la iniciativa legal quedaba enteramente reservada a la Corona, y las Cortes sólo podían enmendar o rechazar los proyectos que presentaba la reina gobernadora a través del gabinete. Las Cortes eran convocadas y disueltas por el rey, aunque necesariamente debían reunirse para discutir los presupuestos. Si las Cortes fuesen disueltas, tendrían que reunirse obligatoriamente otras en el plazo de un año.

Retrato de Francisco Martínez de la Rosa, escritor y presidente del gobierno en 1834, pintado por José Sánchez Pescador. (Teatro Español, Madrid.)

El Estatuto Real no convenció ni a los más conservadores ni a los más liberales. Los primeros no se dejaron seducir por las referencias a las Partidas o a la Nueva Recopilación, ni por la terminología que trataba de enlazar con las Cortes tradicionales, denominando estamentos a los dos brazos o cámaras que ahora la componían. Consideraban al documento como un instrumento de disolución. Los liberales, por su parte, continuaban encontrando pocas concesiones en el Estatuto. Lo seguían viendo como un acto de absolutismo real y querían que se reconociese en su texto una más amplia y eficaz intervención de los ciudadanos.

Estas desavenencias se pusieron de manifiesto en el mismo estamento de procuradores, en donde surgieron propuestas tendentes a llevar a cabo numerosas reformas, más acordes con la revolución liberal. Era lógico que la iniciativa y el mayor empuje saliera de este sector y no de los continuistas, cuya postura era eminentemente defensiva frente a los embates cada vez más decididos de los partidarios de los cambios. El intento centrista de Martínez de la Rosa no podía mantenerse durante mucho tiempo en una dinámica que llevaba inevitablemente al régimen hacia una posición cada vez más liberal.

El desinterés por las propuestas reformistas provocó el conflicto entre el ejecutivo y el legislativo. Sus diferencias fueron avivadas por la acción conspiratoria de quienes querían conseguir el poder por medio del pronunciamiento o la revolución, ante la imposibilidad de obtenerlo por la vía legal. El gobierno no hizo nada por reprimir estas manifestaciones, pero lo que hizo caer a Martínez de la Rosa fue una causa externa.

Además de contribuir a la institucionalización del régimen político, Martínez de la Rosa tuvo que enfrentarse al problema de la guerra carlista. Se dio cuenta de que ésta podía ser una guerra larga y que posiblemente no podría resolverse sin la intervención extranjera. Por eso envió al marqués de Miraflores a Londres para que gestionase ante Palmerston el apoyo de Gran Bretaña y de las otras potencias favorables al mantenimiento de los regímenes liberales. Fruto de esa gestión fue la firma de la Cuádruple Alianza. Sin embargo, Martínez de la Rosa esperaba más de este acuerdo de lo que en realidad resultó. Es cierto que el gobierno de María Cristina recibió ayuda económica y voluntarios británicos, pero Francia sólo aportó respaldo moral, y aunque se le pidió un cuerpo de ejército para que tomase parte en la campaña, no quiso comprometerse. La inoperancia de la ayuda extranjera, con la consiguiente prolongación de la guerra y la oposición creciente en las Cortes, donde el gobierno, a pesar de sus esfuerzos, no conseguía obtener un apoyo estable, acabaron por hacer dimitir a Martínez de la Rosa en junio de 1835.

LA RADICALIZACIÓN DEL RÉGIMEN

El nombramiento de un nuevo gobierno presidido por el conde de Toreno venía a significar un nuevo peldaño en el proceso de transición hacia un liberalismo pleno. José María Queipo de Llano, conde de Toreno, era otro liberal exaltado que había evolucionado hacia posturas más moderadas al alcanzar una edad más madura. También, como Martínez de la Rosa, había conocido el exilio político y, también como el autor del Estatuto, había abandonado las veleidades revolucionarias de su juventud. No era, pues, de esperar que el nuevo jefe del gabinete emprendiese una política de cambios espectaculares para acelerar el desplazamiento del régimen hacia la izquierda, ni para terminar la guerra carlista por la vía rápida. Y eso fue precisamente lo que encrespó los ánimos de los más impacientes, que se sentían defraudados por la lentitud con la que se llevaba a cabo la implantación de una monarquía plenamente constitucional. Se generalizaron los incidentes, y al mes de haberse producido el nombramiento de Toreno los grupos de la oposición se manifestaron en Cádiz, Málaga y Granada.

En Barcelona también se registraron motines populares, y en ésta y otras ciudades se formaron las juntas revolucionarias que proclamaron su propósito de apoyar las reformas más radicales. La capital catalana registró

Retrato del político y economista Pascual Madoz, que fue ministro de Hacienda en 1855 y autor de la ley de desamortización en 1856. (Congreso de los Diputados, Madrid.)

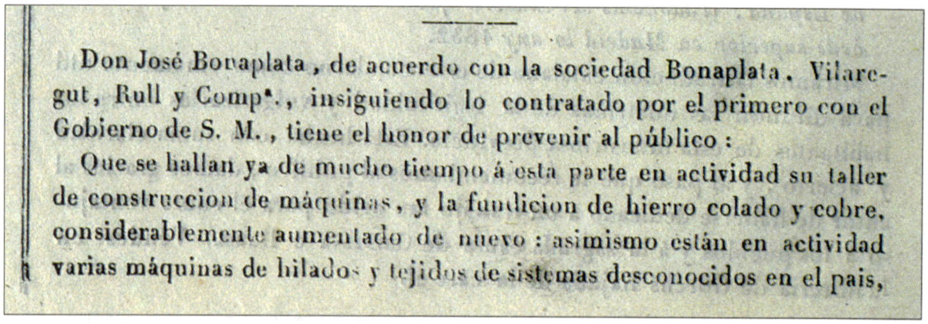

Don José Bonaplata, de acuerdo con la sociedad Bonaplata, Vilaregut, Rull y Compª., insiguiendo lo contratado por el primero con el Gobierno de S. M., tiene el honor de prevenir al público:

Que se hallan ya de mucho tiempo á esta parte en actividad su taller de construccion de máquinas, y la fundicion de hierro colado y cobre, considerablemente aumentado de nuevo: asimismo están en actividad varias máquinas de hilados y tejidos de sistemas desconocidos en el pais,

Anuncio de la fábrica Bonaplata aparecido en el diario *El Vapor* en noviembre de 1833.

uno de los hechos más lamentables de estos disturbios, como fue la destrucción de la fábrica de Bonaplata, que era por aquel entonces la factoría textil más importante de España. La revuelta política era aprovechada por quienes querían realizar reivindicaciones sociales. Afloraban ya los primeros síntomas del malestar social que se extendía, sobre todo, por las grandes ciudades en las que existían algunas industrias y en las que el hacinamiento de la población trabajadora, las condiciones de trabajo y la amenaza de que el creciente maquinismo redujera los puestos laborales, contribuían a sembrar la inquietud que, en casos como éste, degeneraba en actos de violencia.

Sin embargo, las clases medias, instigadoras de las revueltas, no estaban dispuestas a perder el control de los acontecimientos y se organizaron unas juntas para que aquello no se les fuese de las manos. La Junta de Barcelona, cuyo principal organizador era Pascual Madoz, fue seguida por juntas similares en Valencia y Zaragoza. Inmediatamente surgieron juntas en toda España, desde Cádiz hasta La Coruña. En la mayor parte de ellas constituían mayoría los elementos exaltados, anticlericales, pero de una cierta posición social e incluso algunos de ellos de distinguidas familias, como era el caso del conde de Almodóvar en Valencia. Su aspiración era la de sustituir el Estatuto Real por la Constitución de 1812, y en muchas ciudades se volvía a oír el himno de Riego como muestra del deseo de volver al período liberal de 1820.

Toreno se vio en la impotencia contra estos desórdenes y no tuvo otra alternativa que la de presentar su dimisión el 13 de septiembre. En ese momento fue cuando apareció en la escena política Juan Álvarez Méndez, más conocido por Mendizábal, que en realidad había acudido a Madrid para hacerse cargo de la cartera de Hacienda en el gabinete de Toreno. María Cristina desconfiaba de él porque era un exaltado y no estaba dispuesta a entregar las riendas del gobierno a una persona que se había convertido en poco tiempo en la esperanza de los protagonistas de los disturbios de los meses anteriores. Según Peter Janke, fue el embajador británico Villiers quien convenció a la regente de que tal nombramiento era el más conveniente para la nación, y el 15 de septiembre María Cristina encargaba la formación de gobierno a Juan Álvarez Mendizábal.

La personalidad de Mendizábal es una de las más sobresalientes de toda la historia española del siglo XIX. Su biografía ha sido estudiada por el historiador británico Janke en un libro de notable interés. En él se sigue su trayectoria vital desde sus primeros años en su Cádiz natal, cuyo ambiente de principios de siglo influyó mucho en su formación. Siendo muy joven (había nacido en 1790) participó como voluntario en la Guerra de la Independencia, y durante la Década Ominosa, como otros muchos destacados liberales, tuvo que marchar al exilio a

Inglaterra, país en el que emprendió una serie de negocios que le llevaron también, circunstancialmente, a París. Participó directamente en la guerra civil portuguesa ayudando a Pedro, con su organización financiera, a recuperar el trono de su país frente al absolutista Miguel.

Durante el gobierno del conde de Toreno, Mendizábal se había prestado a mediar para solucionar los problemas financieros, que se habían agravado por la negativa a reconocer la deuda contraída durante el Trienio Liberal. Mendizábal venía rodeado de una aureola de prestigio y de una fama de personaje relacionado con los altos círculos financieros internacionales, que realmente lo convirtieron en aquellos momentos en el hombre clave de la situación. Aparecía en 1835 como el político providencial, capaz de resolver con éxito todos los problemas que España tenía planteados.

Mendizábal se había comprometido con María Cristina a gobernar con el Estatuto, lo cual no dejaba de ser una contradicción con las expectativas que habían puesto en él los exaltados. Sin embargo, su dinamismo y su capacidad de gestión le hicieron ganarse el respeto de muchos ciudadanos. Su propuesta política se encontraba expresada en un documento que dirigió a la reina gobernadora el 14 de septiembre y en el que señalaban los tres puntos en los que iba a centrar su gestión: la guerra carlista, la desamortización de los bienes eclesiásticos y la recuperación del crédito.

Con el objeto de conseguir apoyo suficiente para poner en marcha su programa, llamó a los hombres que habían protagonizado la vida política durante el anterior período constitucional (Mina, Quiroga, López Baños) sin deshacerse de los que habían colaborado en el sostenimiento de la regente. Las juntas se disolvieron en su mayoría, excepto las de Sevilla y Cádiz, que se mostraron insatisfechas con las promesas de Mendizábal. Convirtió la Milicia Urbana en Milicia Nacional y aumentó su dotación considerablemente, de tal manera que de 30.000 miembros pasó a estar compuesta por 40.000. Otro decreto de su gobierno dispuso el levantamiento de una quinta de 100.000 hombres destinados a dar un decidido impulso a la guerra contra los carlistas, e introdujo la novedad de eximir del servicio a aquellos que pagasen una cuota de 4.000 reales, o bien 1.000 reales y un caballo, procedimiento que después sería imitado por otros gobiernos en épocas posteriores. Sin embargo, de hecho, esa quinta nunca llegó a completarse, y los hombres que la integraron estaban mal

Soldados de Infantería de la Milicia Nacional, denominación que en 1835 adoptó la Milicia Urbana. (Museo Municipal, Madrid.)

Retrato de Juan Álvarez Mendizábal, quien en septiembre de 1835 presidió el Consejo de Ministros y puso en marcha la desamortización de los bienes eclesiásticos. (Museo de Historia Municipal, Cádiz.)

pertrechados y poco preparados, de tal forma que no constituyeron una ayuda decisiva para el general Fernández de Córdova que dirigía por entonces las operaciones en el Norte y que protestó repetidamente por las condiciones en que le llegaban los nuevos reclutas.

Las Cortes se inauguraron el 16 de noviembre y en el discurso que Mendizábal redactó para la reina gobernadora se proponía a los diputados tres proyectos de ley para su discusión: la institucionalización de la prensa libre, la responsabilidad ministerial y la reforma electoral. Este último punto provocó un largo debate en el que se definieron las posturas de los más moderados, por una parte, y de los progresistas que apoyaban al gabinete, por otra, y que se mostraron partidarios de una ley electoral menos restrictiva que la de 1834. En efecto, cuando comenzó la discusión del proyecto, en enero de 1835, se registró una división entre los que se inclinaban por mantener el sufragio indirecto y los que querían introducir el sufragio directo.

Finalmente se llegó al compromiso entre ambas posturas de proponer unas elecciones mixtas, es decir, una combinación de los procedimientos directo e indirecto. Pero en las votaciones que tuvieron lugar el 14 de enero en el estamento de procuradores fue rechazada la propuesta. Mendizábal no se había definido por ninguna de las dos soluciones, pero lo que estaba claro es que el resultado de la votación significaba el mantenimiento del sistema existente, que era el indirecto. El primer ministro se sintió amenazado y pidió un voto de confianza a las Cortes. El debate sobre esta cuestión contribuyó a perfilar las posiciones dentro del liberalismo, que acabarían por cristalizar en dos partidos diferentes. Al final, Mendizábal obtuvo la confianza y disolvió la legislatura, lo cual le permitió gobernar sin oposición.

La desamortización de Mendizábal

Todos los especialistas en el tema de la desamortización coinciden en señalar que el fenómeno hay que considerarlo en bloque, desde las medidas que se llevaron a cabo en este sentido durante el reinado de Carlos III, hasta la ley de Madoz, en 1855. Así pues, la desamortización eclesiástica de Mendizábal no fue más que un jalón muy importante de un proceso más amplio, cuya culminación no se produjo hasta finales del siglo XIX.

El término «desamortización» no supone solamente el acto jurídico mediante el cual los bienes que han estado amortizados adquieren la condición de bienes libres para sus propios poseedores, como ocurría, por ejemplo, en el caso de los mayorazgos, sino que implica también que sus poseedores pierden la propiedad que pasa al Estado, bajo cuyo dominio se convierten en bienes nacionales. El Estado los vende a particulares, y al

adquirirlos los compradores, se convierten en bienes libres. Así pues, la desamortización es una operación compleja cuyo beneficiario principal es el Estado, que es el que expropia unos bienes para después venderlos a terceros. Eso explica el enfoque que se dio a las desamortizaciones durante el siglo XIX, que se emprendieron más para que el Estado obtuviese medios financieros que para llevar a cabo una verdadera reforma agraria.

La desamortización más conocida, sin duda, es la de Mendizábal. Su nombre va indisolublemente unido a la desamortización eclesiástica, aunque hubo también desamortización de bienes eclesiásticos en las anteriores etapas del proceso y también en la que se llevó a cabo en 1855. F. Tomás y Valiente, que estudió el proceso legislativo de la desamortización, señala que poco antes de la subida al poder de Mendizábal se aprobaron dos reales decretos (15 de julio de 1834 y 4 de julio de 1835) mediante los cuales se suprimía definitivamente la Inquisición y se abolía de nuevo en España la Compañía de Jesús. Los bienes de ambas instituciones se dedicaban por parte del Estado a la extinción de la deuda pública. En el mismo mes de julio de 1835 se decretó la supresión de los conventos y monasterios que tuviesen menos de doce profesos, aplicándose sus bienes a la misma finalidad que los anteriores. Mendizábal, pues, no adoptó una política absolutamente novedosa, sino que lo que hizo fue más bien sistematizar y radicalizar estas medidas de sus antecesores.

El 11 de octubre de 1835, Mendizábal promulgó un decreto mediante el cual se suprimían las órdenes religiosas y se justificaba la medida, en tanto se consideraban desproporcionados sus bienes a los medios que entonces tenía la nación. Por otro real decreto, promulgado el 19 de febrero de 1836, se declaraban en venta todos los bienes de las «comunidades y corporaciones religiosas extinguidas», y también aquellos que ya hubiesen pasado a la consideración de bienes

La desamortización de bienes eclesiásticos iniciada durante la regencia de María Cristina de Borbón tuvo prolongadas consecuencias tanto en el ámbito eclesiástico como en el civil. Arriba, capilla mayor de la catedral de Toledo. A la derecha, interior del monasterio de Las Huelgas.

nacionales, o la adquiriesen en el futuro. La venta debería hacerse de forma pública, partiendo de una tasación oficial, a partir de la cual los posibles adquirientes pujarían por ellas mediante subasta, adjudicándoseles a aquellos que ofreciesen un precio más alto por ellos.

El decreto regulaba también la forma en que debería hacerse el pago, estableciendo dos procedimientos diferentes, uno para aquellos que lo hiciesen en títulos de la deuda, y otro para los que lo efectuasen en dinero en metálico. Los primeros deberían abonar una quinta parte del precio del remate en metálico, antes de que se otorgase escritura pública, y el resto en cada uno de los ocho años siguientes a dicho otorgamiento en títulos de la deuda a su valor nominal. En realidad, los títulos de la deuda se habían depreciado de tal manera que eran un auténtico papel mojado del que sus tenedores no sabían cómo desprenderse. Ahora, mediante este procedimiento, se les ofrecía la oportunidad de hacer un buen negocio, ya que no sólo se les permitía pagar el precio de los bienes eclesiásticos a los que podían acceder, con ellos, sino que se les reconocía su valor nominal. El Estado rescataba también, de esta forma, la deuda que tenía pendiente con estos particulares, pero, sin duda, no era éste el medio que prefería, ya que sus necesidades más urgentes tenía que satisfacerlas mediante dinero contante y sonante.

En cuanto a los que pagasen con dinero en metálico, se les ofrecían más facilidades, puesto que al gobierno le interesaba más este procedimiento y esperaba así animar a los compradores que podían satisfacer el precio de esta manera. La quinta parte deberían abonarla igualmente en metálico y para el resto se les concederían dieciséis años de plazo.

Hubo a continuación otros dos decretos desamortizadores, pero en realidad lo único que venían a establecer era una ampliación de las medidas aprobadas anteriormente, sobre todo el de 29 de julio de 1837, que suprimía el diezmo y extendía la desamortización a los bienes del clero secular.

Los resultados de la desamortización

Se puede afirmar que en 1835 había en España 49.323 religiosos repartidos en un total de 1.925 conventos, y 22.447 religiosas, distribuidas en 1.081 conventos. En su conjunto, se ha calculado que la Iglesia poseía el 18 % del total de las tierras cultivables en España. Sin que se pueda establecer con rigurosidad y precisión este dato, la desamortización eclesiástica produjo un cambio de dueño en una banda que oscilaría entre el 12 y el 15 % del total de las tierras útiles en España, lo que significaría un total de 10 millones de hectáreas, aproximadamente. En cuanto al volumen de ventas, según los datos aportados por Simón Segura, Artola, Fontana y Herr, Tomás y Valiente calcula su valor en 13.000 millones de reales a lo largo de todo el siglo XIX, y de ese total, 3.500 millones corresponderían a la desamortización de Mendizábal. Uno de los mayores especialistas en esta cuestión, el historiador Germán Rueda, aumenta esta cantidad hasta los 4.500 millones de reales, si bien afirma que solo el 11 %, es decir, 495 millones, se pagaron en metálico, y el resto en títulos de la deuda.

En cuanto a las consecuencias sociales de la desamortización eclesiástica, hay que decir que fueron, al menos, dobles. Hay que tener en cuenta, por una parte, a los compradores, entre los que se debe distinguir a los que integran la burguesía de negocios que vive en las grandes ciudades y que generalmente se dedica a la especulación. Algunos de éstos compran las tierras de la Iglesia para venderlas posteriormente, y otros lo hacen para convertirse en terratenientes, puesto que la posesión de la tierra constituye todavía un medio de conseguir consideración social y, además, la tierra sigue siendo un valor seguro frente a las alteraciones económicas que se producían en otros sectores. Aparece, pues, a raíz de este fenómeno, una nueva burguesía agrícola, que unida a la antigua nobleza, la cual aprovecha también la oportunidad para redondear y aumentar sus posesiones a costa de las tierras de la Iglesia, formará lo que Comellas califica como «la aristocracia de la época isabelina». Una aristocracia que se convierte en defensora del régimen, y enemiga de cualquier cambio político que implique reforma o alteración del estatus adquirido.

Pero también entre los compradores los hay más modestos, como algunos profesionales o funcionarios civiles o militares que acudieron a las subastas de las fincas medianas o pequeñas, que por lo general se

hallaban localizadas en las proximidades del lugar donde vivían. Germán Rueda llama la atención sobre esta clase de compradores por formar parte de una categoría de beneficiarios de la desamortización a los que no se ha tenido muy en cuenta hasta ahora, pero que constituyen un sector social importante.

La desamortización eclesiástica tuvo también otra consecuencia de carácter social, que podría calificarse de francamente negativa. La desamortización no significó una reforma agraria, en el sentido de que no sirvió para crear una nueva estructura de la propiedad agrícola más favorable para los campesinos pobres. Sin ser un revolucionario

Degollación de los frailes en 1834, acuarela de Ramón Pulido. Durante la regencia de María Cristina una epidemia de cólera asoló Madrid, lo que sirvió de pretexto para el asesinato de un grupo de frailes acusados de envenenar las fuentes públicas. (Museo Municipal, Madrid.)

radical, Flórez Estrada se daba cuenta de que la situación del pequeño campesino no sólo no iba a mejorar con las medidas desamortizadoras, sino que iba a empeorar en relación con lo que tenían cuando la tierra que trabajaban pertenecía a la Iglesia. En efecto, los nuevos propietarios endurecieron de tal manera las condiciones de arrendamiento de la tierra, subiendo las rentas y realizando nuevos contratos de arrendamiento a corto plazo, que el número de colonos descendió notablemente. El trabajo asalariado significa el trabajo del jornalero. Así pues, la generalización del sistema de contrata de jornaleros señaló un proceso de proletarización del campesinado en el que, sin duda, se agravaron sus condiciones de vida. El malestar que provocó esta nueva situación degeneraría al poco tiempo en protestas y manifestaciones de violencia, convirtiendo al campo en algunas zonas de España, especialmente en la región andaluza, en un caldo de cultivo para la revuelta social.

Desde el punto de vista económico para el país, la desamortización de Mendizábal debía suponer, al menos teóricamente, un aumento de la capacidad productiva y un crecimiento de su riqueza agrícola, ya que al adquirir la condición de bienes libres las tierras que hasta entonces habían estado en situación de «manos muertas», entraban en el mercado de la oferta y la demanda y eran objeto, inmediatamente, de una revalorización. A su vez, esa nueva situación y el hecho de que pasasen a manos de nuevos propietarios, hacía que hubiese más interés en sacar todo el rendimiento posible a estas propiedades. Sin embargo, no están claras todavía las modificaciones que la agricultura española experimentó a raíz de las medidas desamortizadoras. Los estudios más recientes ponen de manifiesto que la producción agrícola no aumentó sensiblemente. Es cierto que se pusieron en cultivo tierras que hasta entonces habían estado sin roturar y que se dedicaban fundamentalmente a pastos. Sin embargo, hay que tener en cuenta, como ha señalado Gonzalo Anes, que la extensión de los cultivos se hizo en general sobre tierras marginales, en suelos poco aptos, de escaso rendimiento y alto coste de explotación.

Por otra parte, parece que tampoco se produjo, al menos de forma inmediata, una inversión por parte de los nuevos propietarios en una mejora técnica de las explotaciones que redundara en un aumento de los rendimientos, por la sencilla razón de que todos aquellos que tenían dinero para invertir prefirieron hacerlo en la compra de nuevas tierras para aprovechar el buen negocio que les ofrecía el gobierno. Por esa razón, no quedaron muchos capitales para emplear en la renovación de las técnicas agrícolas. En suma, que si bien se registró un aumento de la superficie cultivada, se produjo también una disminución de los rendimientos medios por superficie cultivada.

Con respecto a los efectos económicos de la desamortización, se ha especulado también sobre la relación existente entre este fenómeno y el de la industrialización española. Nadal y Giralt han señalado la desviación de capitales hacia la compra de tierras que podían haber tenido su objetivo en la inversión en la industria. A juicio de este último historiador, se produjo un trasvase de capitales desde la economía urbana a la economía rural, de tal forma que «la gran oferta de tierras en condiciones de pago muy ventajosas desvió hacia la propiedad unos recursos financieros que, de otro modo, hubieran podido dedicarse a la industria».

Si los resultados de la desamortización en el plano económico no fueron tan positivos como cabía esperar, tampoco para el Estado hubo tantos beneficios como Mendizábal había pensado en un principio. En realidad, puede decirse que el Estado realizó un mal negocio, pues aunque, como afirma Alfonso Lazo, las fincas se vendieron por lo general a un precio alto, se dieron muchas facilidades a los poseedores de títulos de la deuda. El Estado pudo salir, con el producto de lo que pagaban los compradores en concepto de entrada, de sus cargas más abrumadoras, pero al establecerse el sistema de venta a plazos, la mayor parte del producto de su venta fue recibiéndose en años sucesivos, con lo que no fue precisamente Mendizábal quien pudo utilizar estos recursos que, además, se devaluaban con el paso del tiempo. La deuda no disminuyó, sino que aumentó, y la reforma de la Hacienda que se había previsto no pudo realizarse. La guerra carlista, cuya

Uno de los resultados de la desamortización fue el aumento de la capacidad productiva de la nueva burguesía rural. Proceso de fundición en la Casa Moneda.

Las diferencias entre la Iglesia y el régimen liberal significaron la ruptura de relaciones entre el papado y el gobierno español. Vista general del monasterio de Poblet (Tarragona).

pronta resolución la había hecho depender Mendizábal de la rápida habilitación de recursos, tardaría aún tres años más en finalizar.

En lo que mejores resultados obtuvo Mendizábal con su programa fue en la consolidación del régimen liberal, porque los nuevos propietarios de las tierras desamortizadas se convirtieron en los más firmes defensores de un sistema político que les había permitido la realización de tan pingüe negocio. De ninguna manera interesaba una vuelta atrás que pusiese en peligro sus recientes adquisiciones. La amenaza del carlismo y la vuelta del Antiguo Régimen reforzaría la unión entre el liberalismo y esta masa de propietarios. Pero aun así, Comellas ha señalado la paradoja sociopolítica que se produjo como consecuencia de esa burguesía propietaria, que pasó a engrosar, no las filas del partido de Mendizábal sino las filas del moderantismo.

La Iglesia nada pudo hacer para evitar la desamortización de sus bienes, y los decretos de Mendizábal fueron decisivos para producir su total distanciamiento del liberalismo. Fueron muy pocos los obispos que aceptaron el régimen liberal y la mayor parte de ellos se comprometieron abiertamente con el carlismo. Como consecuencia de esa tensión que se produjo entre la Iglesia y el Estado, en octubre de 1836 el papa Gregorio XVI decidió romper las relaciones con el gobierno español.

En el aspecto cultural también hay que señalar, por último, los negativos resultados que tuvo la desamortización para su rico patrimonio artístico y documental. Muchos edificios de valioso estilo arquitectónico fueron abandonados o derruidos. Innumerables retablos, cuadros, tallas y esculturas de imágenes religiosas se perdieron o, en el mejor de los casos, pasaron a manos de particulares, sustrayéndose así del disfrute abierto de los fieles, que hasta entonces podían contemplarlos en las iglesias. Muchos archivos fueron destruidos y las bibliotecas sufrieron en muchos casos un irreparable deterioro, cuando no fueron dispersados sus fondos.

La política económica del período de la regencia supuso un cambio económico e industrial en las grandes ciudades. Vista de las Ramblas y del Gran Teatro del Liceo.

LA DEFINICIÓN DE LOS PARTIDOS

Hasta 1836 resulta comprometido hablar en España de partidos políticos. Desde la revolución liberal, a comienzos de la centuria, se habían registrado tendencias en el seno del liberalismo que cristalizaron durante el Trienio Liberal en la formación de dos grupos: los moderados y los exaltados. Ninguno de ellos, sin embargo, llegó a formular con claridad un programa concreto en el que se recogiesen sus aspiraciones políticas, ni tampoco ninguno de los dos consiguió una estructura organizativa que les permitiese funcionar en la vida parlamentaria como grupo coherente y disciplinado. Había, eso sí, posturas radicales sustentadas por algunos liberales que se mostraban partidarios de implantar rápidamente un régimen plenamente constitucional, y posturas moderadas de los elementos más prudentes y cautelosos, que pretendían que el paso de la monarquía absoluta al sistema constitucional se llevase a cabo gradualmente.

Tradicionalmente se han venido señalando dos generaciones dentro del liberalismo, cada una de las cuales representó durante el Trienio Liberal una de esas posturas, radical o moderada. Se ha hablado de los «doceañistas» o «moderados» y de los «veinteañistas» o «exaltados». Pues bien, durante los años del exilio de la Década Ominosa, muchos de los exaltados templaron sus posturas políticas, bien por la madurez que fueron alcanzando como consecuencia de los avatares que padecieron y que les fue alejando cada vez más del ímpetu y la fogosidad de la etapa juvenil, o bien por los contactos que establecieron con otros políticos europeos más moderados. Carlos Marichal ha señalado la existencia de una tercera generación de liberales que comienza a figurar a partir de la muerte de Fernando VII, pero no ha profundizado en la posible significación de estos elementos más jóvenes en la política de la regencia.

Lo cierto es que las dos tendencias siguieron existiendo, aunque a veces sea difícil definir dónde terminaba

Óleo pintado por José María Avrial y Flores en 1836, titulado *Vista de la Cibeles y Palacio de Buenavista.* (Museo Municipal, Madrid.)

la una y dónde comenzaba la otra. Es más, oficialmente se intentaba negar esta realidad desde los altos círculos del liberalismo como si fuese algo negativo la adscripción a un determinado grupo. Martínez de la Rosa sostenía que él «jamás había pertenecido a partido alguno» y que nunca había tratado de «acaudillar» gente. Salustiano Olózaga se negaba a reconocer su filiación partidista, y Mendizábal, por su parte, con su programa político, lo que pretendía, aunque fracasó estrepitosamente, era unir las dos alas del liberalismo.

Sin embargo, fueron precisamente las medidas decretadas por Mendizábal en 1835 y 1836 las que contribuyeron decisivamente a fijar las posiciones políticas y a definir lo que, por su doctrina constitucional, por su composición social y por su criterio acerca de cómo llevar la guerra carlista, podían comenzar a denominarse, con rigor, partidos políticos.

El moderantismo

Los moderados se organizaron a partir de 1836 frente a los excesos demagógicos de Mendizábal y el peligro que podía suponer para las clases más conservadoras dentro del liberalismo la aplicación de medidas cada vez más radicales. Los moderados estaban conformes con aceptar los logros de la revolución, pero temían que su continuo avance borrase muchos de los presupuestos a los que no estaban dispuestos a renunciar. Debemos tener presente que el sector moderado estaba integrado por elementos de diversa procedencia, entre los que se encontraban antiguos colaboradores de Fernando VII que habían aceptado el testamento del monarca, pero que no habían asimilado del todo las transformaciones políticas que implicaba el sistema constitucional. Sin embargo, no hay que pensar por esto que el moderantismo se consolidó única y exclusivamente como consecuencia de una actitud defensiva frente al radicalismo. Los moderados llevaron a cabo una importante aportación a la consolidación del régimen liberal mediante la configuración de una filosofía política que se convertiría en la base doctrinal del sistema. Esa filosofía fue lo que se denominó el doctrinarismo, o, lo que es lo mismo, el liberalismo doctrinario.

El doctrinarismo, nacido en Francia durante la época de la Restauración, se basa en la soberanía de la capacidad, que en España alcanza su más expresa formulación por parte de un grupo de teóricos políticos durante los años de la regencia de María Cristina. Entre ellos hay que señalar a Juan Donoso Cortés, a Juan Francisco Pacheco, a Antonio Alcalá Galiano y a Andrés Borrego. Para este último, la nueva doctrina no era más que una tercera vía entre la soberanía por la gracia de Dios y la soberanía popular: lo que él llamaba la soberanía de la razón. Los buenos, los veraces y los capaces eran los que debían ostentar la soberanía. Borrego sitúa esta soberanía de la razón en lo que denominaba las clases intermedias. Cree que estas clases son las más ilustradas, las que tienen más iniciativa y que, además, por ser intermedias son intermediarias, es decir, constituyen una especie de puente entre los sectores más favorecidos y los más deprimidos de la sociedad.

Con Alcalá Galiano estas teorías llegan a un mayor grado de desarrollo y, sobre todo, a través de él, se vieron influidas por el utilitarismo de Bentham, al que había conocido y estudiado durante sus años de estancia en Inglaterra. Afirmaba el político gaditano que allí donde estaba el poder físico, entendido no como fuerza bruta sino

Retrato de Juan Donoso Cortés, uno de los representantes fundamentales del doctrinarismo español, pintado por Germán Álvarez. (Ateneo de Madrid.)

como capacidad de influencia, y el poder moral, allí debía estar también el poder político. Es decir, que debían ostentar el gobierno aquellos que teniendo la razón, tenían también la capacidad para imponerla.

Si Alcalá Galiano hablaba de la soberanía de la razón, Pacheco lo hacía de la soberanía de la voluntad. El hombre –argumentaba– es soberano en cuanto ejerce su voluntad, y la que debe dominar entre todas las voluntades es la mejor voluntad. Para ello, debía establecerse una gradación entre todas las voluntades para determinar cuál es la que tenía una mayor calidad moral. No se trata, pues, de una suma de todas las voluntades, pues no es la mayoría numérica la que produce una seguridad de acierto, sino de medir la categoría moral de las voluntades para poder estar seguro de que el gobierno recaiga en personas de buena voluntad.

De todas las personalidades forjadoras y encauzadoras de aquel pensamiento político sobresale Donoso Cortés. Hay que distinguir dos etapas en su trayectoria vital: la primera, en la que desarrolla su pensamiento político doctrinario, y la segunda, la etapa europea, en la que visita París y Berlín y en la que su pensamiento se hace más conservador, hasta alcanzar puntos de coincidencia con el tradicionalismo.

limitada. Así pues, preconiza un poder en manos de los inteligentes, que precisamente por ser inteligentes son buenos, y que con su inteligencia y su bondad pueden hacer felices a los pueblos. Sería, pues, el gobierno de lo que él denomina las «aristocracias legítimas», que son en realidad las clases medias, o si se quiere, la burguesía.

Dibujo de Fernando Brambilla con el río Manzanares y, al fondo, el Palacio Real.

Donoso desarrolla sus teorías políticas fundamentalmente en sus *Lecciones de Derecho Político* que expuso en el Ateneo de Madrid a finales de 1836. Su principio básico acerca de la teoría del poder es que «sólo en la inteligencia reside el poder». De acuerdo con esta idea, Donoso Cortés establece una relación entre la inteligencia y el poder, de tal forma que el más inteligente está legitimado para ser el más poderoso. Para Donoso, Dios, infinitamente sabio e infinitamente poderoso, posee la única posible soberanía absoluta; el hombre, que sólo posee esas cualidades de inteligencia y poder de forma limitada, sólo está dotado de una soberanía Ahora bien, no a toda la burguesía se hace partícipe del ejercicio del poder, sino sólo a una minoría, que es elegida por la totalidad de los elementos que forman parte del grupo. En realidad, no se trata propiamente de una elección, sino más bien de una designación, pues son los mejores, de entre los buenos, los que han de ejercer el poder «en virtud de un derecho propio».

Todas estas teorías se convirtieron en el sustento doctrinal del moderantismo, que va forjándose y tomando forma concreta a partir del año 1836. Pero también hay que tener en cuenta que algunos de los principios fijados por estos doctrinarios, como el de la justificación del sufragio censitario y la selectividad en cuanto a la participación política de los ciudadanos, fueron aceptados también por los progresistas, si bien es cierto que con algunas matizaciones.

En lo que respecta al soporte social del moderantismo, hay que recordar que los integrantes de sus filas procedían de diversos campos: realistas reformistas de los años 1814 y 1820, constitucionalistas desengañados durante la etapa exaltada del Trienio Liberal, burócratas convencidos de las excelencias del nuevo sistema administrativo liberal pero temerosos de la revolución –entre ellos, antiguos afrancesados que seguían en la línea de apoyar las reformas, pero desde arriba–, burgueses, amantes de la libertad, pero también del orden, y profesionales, propietarios, etc., que representaban al sector conservador de la clase media con el ideal de aunar el progreso con la tradición.

El progresismo

Frente al moderantismo, el progresismo, que como movimiento político nace simultáneamente al partido progresista. Como se recordará, la rama más radical del liberalismo durante la época del Trienio Liberal fue calificada de exaltada, y exaltados fueron desde entonces los integrantes de este grupo político que tomó el poder encabezado por Evaristo San Miguel. Todavía en 1834, el periódico *La Abeja* definía las facciones políticas del sistema como «moderada» y «exaltada». Sin embargo, al comentar las elecciones que tuvieron lugar a fines de febrero de 1836, *El Eco del Comercio* describía de esta forma las dos fuerzas que habían participado en ellas: «Hay dos partidos, tal y como vemos: el estacionario o fusionista y el progresista o exaltado». Es decir, que aparecía ya la denominación de «progresista» para calificar al grupo más radical que, además, en aquella convocatoria ganó las elecciones.

Óleo de Julio Donon que representa al militar y político Evaristo San Miguel y Valledor, duque de San Miguel. (Real Academia de la Historia, Madrid.)

Trazar para este período el perfil del partido progresista resulta verdaderamente difícil, ya que tanto sociológica como ideológicamente, sus fronteras aparecen todavía muy poco definidas. Su actitud política en la práctica consistía en el ejercicio de la crítica combativa y, a veces, hasta violenta, frente a los moderados. Es decir, era esencialmente de oposición contra algo, más que de apoyo a un proyecto determinado, si bien tenían muy claro que la revolución no debía detenerse.

En el vago programa de los progresistas apenas pueden detectarse algunos puntos claros que puedan servir como elementos distintivos frente al moderantismo: el principio de la soberanía nacional, frente al de la soberanía compartida entre el rey y las Cortes que defendían los moderados; la Milicia Nacional, como fuerza garantizadora de sus aspiraciones políticas; la libertad de expresión sin previa censura, relegando a los jurados de imprenta la misión de calificar los delitos, lo cual, como después se demostró, abrió la puerta a la demagogia libelista; la lucha contra los impopulares impuestos de consumos y el estanco de la sal; y por último, la elegibilidad de los ayuntamientos y diputaciones frente al sistema de designación directa, que apoyaban sus oponentes políticos.

En cuanto a la composición social del progresismo, R. Carr señala que era fundamentalmente la de las clases medias urbanas subempleadas, cuyas miserias y humillaciones han sido descritas tan acertadamente por Galdós en novelas como *Mendizábal* y *Miau*. Para Palacio Atard, aunque era un grupo numéricamente poco importante, trataba de ganar la calle apoyándose en los medios populares, para arrastrar a los pequeños tenderos, a los menestrales, a los empleados modestos, a la revuelta y a la agitación. Aunque hace notar también Palacio que entre sus cuadros dirigentes no faltaban los banqueros y los hombres de negocios.

De cualquier forma, parece estar claro que el progresismo tenía su casi exclusivo soporte en el medio urbano, pues fuera de él carecía de sentido. Carrera Pujal, en su *Historia política de Cataluña en el siglo XIX,* afirma que en 1836, ante el peligro de crisis del gobierno de Mendizábal, los

Miembros de la Milicia Nacional, fuerza que los progresistas presentaron como garantía de su política.

fabricantes, propietarios y comerciantes de Madrid acordaron elevar una exposición a la reina gobernadora en apoyo del gabinete. De igual manera, la Junta de Comercio de Barcelona, celebradas las elecciones de marzo de 1836 con victoria del grupo gubernamental, acordó felicitar a Mendizábal y ofrecerse como su firme e incondicional apoyo.

Con toda la vaguedad que progresistas y moderados presentan en su inicial andadura en el panorama político de la regencia de María Cristina, serían las contiendas en el Parlamento, la prensa y la calle las que más contribuirían a ir definiendo paulatinamente los contornos ideológicos y su actitud en la práctica de estas dos ramificaciones del liberalismo que protagonizaron el reinado de Isabel II.

La «sargentada» de La Granja

El gobierno de Mendizábal, cada vez más enfrentado con la regente, la cual buscaba abiertamente la vuelta de los moderados, pero también hostigado por algunos progresistas que trataban de remozar los altos mandos del ejército cristino, tuvo que dimitir el 14 de mayo de 1836. Le sustituyó Francisco Javier de Istúriz, lo que significaba un paso atrás en la izquierdización del régimen, ya que el nuevo jefe del gabinete era un hombre más templado y ecléctico que Mendizábal. Su mayor dificultad era que se encontraba con un apoyo minoritario en las Cortes, lo que podía obstaculizar su labor de gobierno. Se aplicó entonces, por primera vez en la mecánica constitucional, una medida que consistía en disolver las Cortes para proceder a unas nuevas elecciones con el objeto de fabricar una mayoría adicta en el organismo legislativo. María Cristina firmó el decreto de disolución de las Cortes, con lo que establecía un precedente que iba a convertirse pronto en táctica ordinaria cuando se producía un contraste entre el ejecutivo y el legislativo. En vez de producirse crisis de gobierno, lo que se producía era una crisis de las Cortes, que se renovaban para amoldarse al color del gabinete en quien la Corona depositaba su confianza.

Majestuoso acto de la celebración de las Cortes de España, según un dibujo de la época. (Museo Municipal, Madrid.)

Sin embargo, en 1836, antes de que se llegaran a reunir las nuevas Cortes, se produjo una revolución que daba al traste por el momento con ese propósito de frenar el deslizamiento del régimen hacia la izquierda. Temerosos los elementos revolucionarios de que el nombramiento de Istúriz significase un retroceso político, comenzaron a mostrar signos de descontento, primero en Málaga y después en Cádiz, Sevilla, Granada, Córdoba, Zaragoza, Barcelona y otras capitales importantes. La situación parecía semejante a la que se había producido en 1835, cuando las juntas revolucionarias obligaron a la dimisión del conde de Toreno. En esta ocasión, Istúriz intentó sofocar la revuelta obligando a la regente a firmar un manifiesto en defensa del gobierno cuyo lenguaje resultaba francamente comprometido, ya que la hacía aparecer como jefe del partido moderado.

Grabado de Gotardo Grondona titulado *Constitución de la Monarquía Española,* que fue sancionada y publicada en Madrid el día 18 de junio de 1837. (Museo Municipal, Madrid.)

La culminación de estos incidentes fue el motín de La Granja. En La Granja, donde se hallaba la corte en aquellos momentos, la guardia se sublevó el 12 de agosto, y una comisión formada por dos sargentos y un soldado pidió a la reina gobernadora que firmase un decreto para restablecer la Constitución de 1812, a lo que no tuvo más remedio que acceder. La revolución de los sargentos de La Granja provocó una crisis en el gobierno e Istúriz fue sustituido por José María Calatrava, un progresista que había ya destacado durante el Trienio Liberal por su exaltado liberalismo. Calatrava nombró ministro de Hacienda a Mendizábal y comenzó a poner en vigor algunas de las leyes que habían sido aprobadas en las dos anteriores épocas del régimen constitucional: la Ley de Ayuntamientos de 1823, el Plan de Estudios de 1822, el Reglamento de Beneficencia de ese mismo año y las leyes de la Milicia Nacional, Libertad de Imprenta, Competencia de Jurisdicción, Sucesión de Mayorazgos y Gobierno Interior de las Provincias.

Pero la determinación más importante del gobierno de Calatrava fue la convocatoria de unas Cortes Constituyentes para el mes de octubre, que iba a ser la destinada a aprobar una nueva Constitución, dada la imposibilidad más que demostrada de que el régimen liberal pudiera regirse por el utópico código gaditano, vuelto a poner en vigor ahora durante unas pocas semanas.

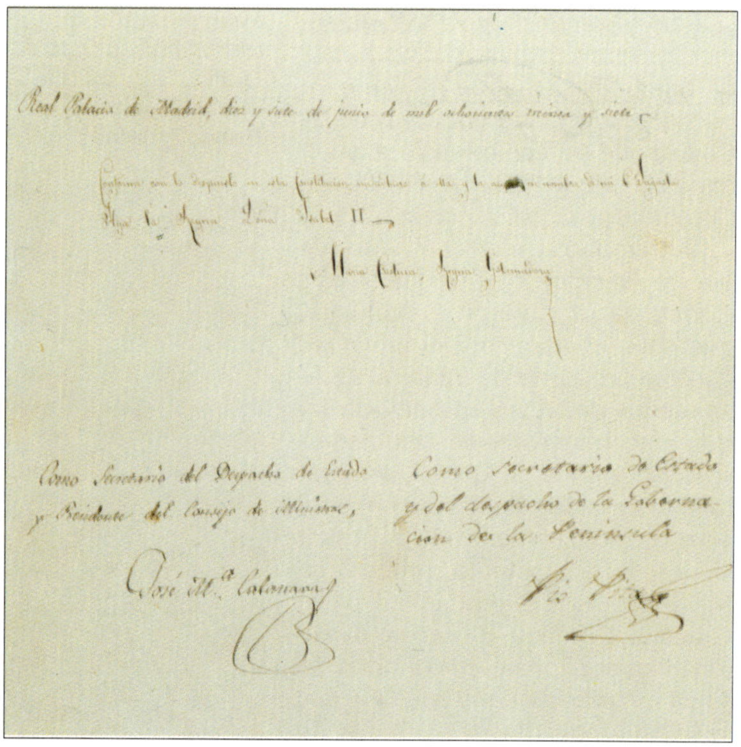
Real Palacio de Madrid, diez y siete de junio de mil ochocientos treinta y siete.

Como Secretario del Despacho de Estado y Presidente del Consejo de Ministros,

José Mª Calatrava

Como Secretario de Estado y del despacho de la Gobernacion de la Peninsula

Pío Pita

Firma de María Cristina de Borbón en la Constitución de 1837. (Biblioteca de las Cortes, Madrid.)

LA CONSTITUCIÓN DE 1837

En el acto de apertura de las Cortes Constituyentes, María Cristina dirigió a los diputados un mensaje en el que, entre otras cosas, les decía: «La Nación y el mundo civilizado esperan de nosotros una ley fundamental en que la potestad legislativa delibere y resuelva sin precipitación y sin pasiones; en que el Gobierno tenga para su acción todo el desahogo y la fuerza que necesita, sin dar nunca recelos de que oprima; y en que la administración de justicia, apoyada en una independencia absoluta, no dé inquietudes a la inocencia, ni impunidad a los delitos».

En la comisión designada para presentar el proyecto de Constitución estaban los diputados Agustín Argüelles, Joaquín María Ferrer y Salustiano Olózaga. Su labor culminó el 30 de noviembre, cuando presentaron las bases sobre las que habría de fundarse la nueva Carta y, después de dos meses y medio de debates, la Constitución fue finalmente aprobada el 22 de mayo de 1837.

La Constitución de 1837 ha sido considerada tradicionalmente como un código transaccionista, en el que pueden advertirse claramente concesiones por parte de los progresistas y concesiones por parte de los moderados. En efecto, el clima político que se respiraba en aquellos momentos en

Constitucion de la Monarquia Española
Sancionada y Publicada en Madrid el 18 de Junio de 1837.
PLUS
La España Vencedora
Corona, Constancia y el Valor.
25 Diciembre 1836.
Publicᵒⁿ en Bilbao Año 1837
Por Gabl. Grondona Caligrafo y Grabador

Representación de una alegoría sobre la Constitución de 1837, promulgada por la reina María Cristina en nombre de Isabel II. (Biblioteca Nacional, Madrid.)

España parecía favorecer la conciliación entre las dos ramas del liberalismo. El descabellado intento de reponer la Constitución de 1812 mediante el golpe sainetesco de La Granja movió a algunos de los progresistas más sensatos, como Flórez Estrada, y algunos de los moderados de talante dialogador, como Andrés Borrego o el duque de Rivas, a buscar una solución conciliadora. Fruto de esas posiciones fue la nueva Constitución que, a juicio de los teóricos políticos, se inspira en las doctrinas del utilitarismo de Bentham y en las Constituciones vigentes entonces en Francia, Brasil y Estados Unidos.

Una de las características de la Constitución de 1837 es su brevedad, sobre todo si se la compara con la anterior de 1812. Consta de 13 títulos, con un total de 77 artículos, más dos adicionales. En su preámbulo queda claro el principio de la soberanía nacional y, a juicio de Tomás de Villarroya, esa declaración se hace al principio del documento para dejar clara su condición de base y fundamento de todo el orden político y porque, además, de esta manera se fijaba el principio en el momento mismo en que de él se hacía la debida aplicación.

En los diez primeros artículos se especifican los derechos de los españoles: libertad de pensamiento, libertad de expresión, derecho de petición, garantía de seguridad y derecho a la propiedad. Con respecto a la religión, el artículo 11 se limita a declarar que «la Nación se obliga a mantener el culto y los ministros de la Religión católica que profesan los españoles», pero no prohíbe, como sucedía en el texto gaditano, el ejercicio de cualquier otra.

Del título II al V trata de las Cortes y en ellos se contempla su división en dos cámaras, que ya se denominan Senado y Congreso de los Diputados. Su organización responde al esquema moderado, pues los diputados son elegidos por el método directo en circunscripciones provinciales de un diputado por cada 50.000 almas, sin exigencia de arraigo, por un período de tres años y posibilidad de reelección. Sin embargo, la elección seguía teniendo carácter censitario, pues estaba limitada por la capacidad económica, lo cual venía a consagrar el dominio político de la burguesía. En cuanto al Senado, no tenía carácter nobiliario (excepto en lo que se refería a los hijos del rey y al heredero inmediato de la Corona), y estaba compuesto por un número de senadores igual a los tres quintos de los diputados, nombrados por el rey de

Ejemplar de la Constitución liberal de 1837 conservado en la Biblioteca de las Cortes (Madrid).

entre los elegidos en lista triple por los miembros electores que en cada provincia nombraban a los diputados al Congreso. El Senado era renovable cada tres años por terceras partes.

Los títulos VI, VII y VIII están dedicados al rey y a la Corona, y resulta curioso señalar que, a pesar de lo que reza el preámbulo sobre la soberanía nacional, a la hora de regular los mecanismos para la elaboración de las leyes, se dice claramente que la potestad para hacer éstas reside en las Cortes con el rey. Al rey corresponden, además, la convocatoria, la supresión y la disolución del Congreso de los Diputados, y comparte con las dos Cámaras la iniciativa legislativa. Todas estas disposiciones reflejan una plasmación del ideal moderado, que tiñó algunos aspectos de este documento.

En lo referente a los ministros, en el título IX se establece la necesidad del refrendo ministerial a las disposiciones reales, y se hace compatible el cargo de ministro con el puesto de senador o de diputado.

Cuando atribuye el poder judicial a los tribunales y juzgados en el título X, así como en el título siguiente, que se refiere a las diputaciones y a los ayuntamientos, y en el XII, sobre las contribuciones, la Constitución de 1837 remite a posteriores leyes

La disolución de las Cortes Constituyentes y la convocatoria a nuevas elecciones activó la vida política en Madrid y Barcelona. Arriba, fachada del barcelonés Teatro de Santa Cruz. A la derecha, vista de la madrileña Puerta del Sol.

orgánicas para la ordenación de los detalles. Sin embargo, el procedimiento electivo que establece para diputaciones y ayuntamientos constituye dos claros logros de los progresistas.

Por último, el título XIII, que trata «De la fuerza militar nacional», recoge la existencia en cada provincia de cuerpos de la Milicia Nacional, que era una aspiración claramente progresista, como también lo era el de la implantación de los jurados que se contempla en uno de los artículos adicionales.

En suma, el texto de esta Constitución registra un cierto equilibrio entre las dos fuerzas políticas del régimen. Pero en la práctica, esto no fue así, pues muchos de sus preceptos no fueron observados y los mecanismos de gobierno que estableció resultaron desvirtuados. María Cristina siguió apoyando a los moderados y apoyándose en ellos, y el nombramiento de sucesivos gobiernos, así como su destitución, se hizo generalmente al margen de las reglas propias del juego parlamentario.

El fracaso político de María Cristina

Una vez aprobada la Constitución de 1837, la reina gobernadora disolvió las Cortes Constituyentes y convocó nuevas elecciones para octubre de ese año. Los moderados, dirigidos por Andrés Borrego, quien a través de su periódico *El Correo Nacional* se lanzó a una fuerte campaña, obtuvieron 150 escaños frente a los 60 que consiguieron los progresistas. El nombramiento de Eusebio Bardají y posteriormente del conde de Ofalia como presidentes del Consejo, abre una última etapa de la regencia de María Cristina, dominada políticamente por los moderados, sostenidos en el poder por la regente, pero que se caracterizó fundamentalmente porque la actividad de los partidos se reducía casi exclusivamente a la organización de las elecciones. La prolongación de la guerra carlista y los debates que se originaron en las Cortes como consecuencia de las posturas encontradas de los dos partidos contribuyeron a encrespar las diferencias y a hacer cada vez más difícil la pretendida reconciliación.

De nuevo, las dificultades frente a los carlistas provocarían la caída del gabinete. Esta vez le tocó a Ofalia, pero el duque de Frías, que lo sustituyó, sólo pudo sostenerse durante tres meses (septiembre-diciembre de 1838). El general Espartero, que aparecía cada vez más claramente como el hombre fuerte de la situación y que, al parecer, estaba detrás de muchas de las intrigas políticas que provocaban los cambios ministeriales, amenazaba seriamente la estabilidad de los moderados en el poder, a pesar del favor de que gozaban por parte de la regente.

En diciembre de 1838 fue nombrado presidente del Consejo Evaristo

Pérez de Castro, un experimentado diplomático que había ya ocupado el mismo cargo durante el Trienio Liberal. Pérez de Castro era un destacado miembro del partido moderado, pero dio entrada en su gabinete a algunos elementos progresistas, como el general Isidro Alaix en la cartera de Guerra, o filoprogresistas, como Pío Pita Pizarro, con la intención de dar una mayor estabilidad al gobierno. Sin embargo, la actitud de los moderados fue la del retraimiento, lo que llevó a la disolución de las Cortes y a la convocatoria de unas nuevas elecciones. La campaña que realizaron los partidos fue muy intensa y los resultados fueron muy favorables a los progresistas, cuyo triunfo en las urnas fue inmediatamente acompañado por la victoria militar que suponía la firma del convenio de Vergara.

La existencia de un gobierno conservador y una Cámara con mayoría progresista acentuó las tensiones políticas, que se centraron en las discusiones sobre una serie de leyes que los moderados pretendían hacer aprobar sobre la limitación de los poderes de la Milicia Nacional y de los gobiernos municipales. Esas tensiones llegaron a desembocar, a mediados de noviembre de 1839, en una sesión tormentosa en la que se produjo una invasión del salón de sesiones por parte de una multitud exaltada. El consiguiente escándalo fue aprovechado por María Cristina para disolver las Cortes y convocar nuevas elecciones. En esta ocasión, los moderados movilizaron a todas las fuerzas de que disponían, a las que se unieron también antiguos absolutistas y carlistas, temerosos de una posible revolución popular.

Al mismo tiempo, los conservadores pusieron en marcha toda una serie de mecanismos de presión para asegurar el resultado favorable. El

Manuel Cortina, político liberal y ministro de Gobernación, retratado por Federico Madrazo. (Colegio de Abogados, Madrid.)

gobierno publicó un decreto, el 5 de diciembre, por el que ordenaba a los jueces de paz que redactasen las listas electorales, en lugar de las municipalidades –que estaban dominadas por los progresistas–, como establecía la Constitución. Algunas autoridades militares y civiles ejercieron una presión directa sobre el electorado, y numerosos aristócratas, como el mismo duque de Alba, obligaron a sus dependientes a votar a los candidatos conservadores. El resultado de todo ello fue la victoria de los moderados, que iniciaron un programa revisionista durante la primavera y el verano de 1840.

Entre las leyes que estas Cortes moderadas consiguieron aprobar estaba la nueva ley municipal, que dejaba el control político de los ayuntamientos en manos del ministro del Interior; una ley que restringía la libertad de prensa y otra que limitaba sustancialmente la participación de los electores en las elecciones legislativas.

El claro deslizamiento del régimen hacia posiciones conservadoras provocó la crítica de Baldomero Espartero, quien, a través de su secretario, el brigadier Linaje, había ya publicado un manifiesto a mediados del mes de diciembre de 1839 en el que había mostrado su disgusto por los procedimientos electorales que habían llevado al triunfo a los liberales. En aquellos momentos, el contar con Espartero podía ser la clave que proporcionase estabilidad a la situación y, sobre todo, la mejor garantía de que no pudiera producirse ningún movimiento de oposición a las fuerzas que contasen con el respaldo del prestigioso y popular general.

De eso era muy consciente la reina gobernadora y por eso en un viaje a Cataluña se entrevistó con Espartero en Esparraguera para tratar de llegar a un acuerdo político. Para neutralizar la hostilidad que el duque de la Victoria mostraba por las reformas que el gobierno estaba llevando a cabo, le ofreció nombrarlo jefe del gabinete. Espartero le pidió que disolviera las Cortes y que anulase las reformas. La negativa de María Cristina hizo estallar el conflicto abierto entre ambos.

LA REVOLUCIÓN DE 1840

La incompatibilidad entre la regente María Cristina y Baldomero Espartero surgió a partir de la entrevista de Esparraguera. Cuando ambos personajes se dirigieron después a Barcelona, el recibimiento que se le dispensó al duque de la Victoria fue más entusiástico que el que recibió la propia reina.

Las suspicacias que esta actitud de los barceloneses levantó en María Cristina le llevaron a firmar al día siguiente la Ley de Ayuntamientos. Eso confirmó la ruptura entre los dos, y en aquellas circunstancias la reina gobernadora tenía una posición más desventajosa que la que tenía entonces Espartero. Frente a la estrella ascendente del general, María Cristina había debilitado mucho su prestigio como consecuencia de su indisimulado apoyo a los moderados. No había entendido exactamente cuál debía ser su papel en una monarquía constitucional como árbitro imparcial en el juego de los partidos. Pero, además, su situación personal también había contribuido a desprestigiar su figura. A los tres meses de haber enviudado contrajo matrimonio con el guardia de corps Fernando Muñoz. Era un matrimonio morganático que intentó mantenerse en un discreto disimulo, ya que, según el testamento de Fernando VII, unas nuevas nupcias impedirían a la reina mantener la tutela sobre sus hijas, y si se perdía ese derecho, se perdía también el de la regencia. A pesar de todo, fue imposible evitar que trascendiese tan sorprendente acontecimiento, aún más cuando comenzó a dar sus frutos ese nuevo matrimonio, nada menos que con siete hijos. Los sucesivos embarazos de la reina y las situaciones a las que dieron lugar fueron bien aprovechadas por sus enemigos políticos, que utilizarían el conflicto de la Ley de Ayuntamientos para provocar su caída.

El 16 de julio estallaron en Barcelona las primeras manifestaciones de protesta frente a la actitud de la regente. A pesar de que, como ha señalado Carlos Seco, la capital catalana constituía un importante reducto del moderantismo, sustentado por una rica burguesía mercantil e industrial más fuerte allí que en ninguna otra ciudad de la Península, el hecho de que las autoridades locales perteneciesen al progresismo favoreció la movilización de los elementos más exaltados contra María Cristina. Dos días después, Espartero exigió a la regente la dimisión del gabinete y la anulación de la Ley de Ayuntamientos. «O el Ministerio o yo», era la alternativa que planteaba el general. Aunque la regente se mantenía firme en su negativa, los ministros presentaron su dimisión. Eso, sin embargo, no fue suficiente para evitar el estallido de la revuelta, de tal manera que Barcelona se convirtió en la cabeza de la

Despedida de la reina María Cristina en el puerto de Valencia después de los sucesos revolucionarios de 1840.

protesta contra María Cristina, que se vio obligada a huir a Valencia, donde creía contar con el apoyo del Ejército del Centro.

Entretanto había estallado también un movimiento insurreccional en Madrid el 1 de septiembre, por el que la Milicia Nacional ocupó los principales edificios oficiales y se hizo cargo de la situación, sin que hubiera resistencia por parte del Ejército. Se creó una Junta de Gobierno provincial presidida por el propio alcalde, Joaquín María Ferrer, cuya primera provisión fue declararse gobierno hasta tanto la reina no nombrase a uno que satisficiese a los amotinados, y ofrecerse al general Espartero, cuya aprobación esperaba. El hecho de que a los dos días volviesen a abrir los comercios, se reanudasen las operaciones de Bolsa y los bonos de la deuda pública subieran rápidamente de valor, es señalado por Carlos Marichal como signo inequívoco de que la elite financiera aprobaba la revolución y estaba dispuesta a ayudarla.

En la semana siguiente se formaron juntas revolucionarias en Ávila, Huesca, Granada, Lérida, Cádiz y Salamanca, entre otras capitales españolas, que refrendaron la revolución iniciada en Barcelona y Madrid. La regente quedó aislada en Valencia, y Espartero, que se había manifestado ya en apoyo de las juntas, quedó dueño de la situación. El 27 de septiembre llegó el duque de la Victoria a la capital procedente de Barcelona. El recibimiento que le hicieron los madrileños fue apoteósico. Se levantaron arcos triunfales en el Paseo del Prado, se decoraron las fachadas de las casas con colgaduras y se construyó una gran columna conmemorativa en la Puerta del Sol. Se declararon tres días de fiesta y se organizaron representaciones teatrales y corridas de toros. El triunfo de los progresistas y el encumbramiento de Espartero señalaban la terminación de la regencia de María Cristina.

Desde Valencia, la regente no tuvo más remedio que nombrar un nuevo gabinete, compuesto por progresistas. Sin embargo, se dispuso a dimitir antes de aceptar las condiciones políticas que le propuso el nuevo gobierno y entre las que estaba, naturalmente, la anulación de la Ley de Ayuntamientos. El 12 de octubre presentó la abdicación oficial y cinco días más tarde embarcaba en el vapor *Mercurio* que la llevaría a Francia, donde permanecería en el exilio, pero no ajena ni al margen del desarrollo de la política española.

Óleo de Antonio María Esquivel con el retrato del militar y político español Joaquín Baldomero Fernández Álvarez Espartero, jefe del partido progresista después de su victoria sobre los carlistas. (Palacio del Senado, Madrid.)

Dibujo sobre el bombardeo de Barcelona ordenado por Baldomero Espartero.

LA REGENCIA DE ESPARTERO

La salida de María Cristina del país dejaba el camino libre a los progresistas y a Espartero como su figura indiscutible. Para Carlos Seco, si alguno de los militares que llegaron al poder en el siglo XIX disfrutó de un amplio e incondicional consenso, ése fue Espartero en 1840.

Baldomero Espartero (su verdadero nombre era el de Joaquín Fernández Álvarez, aunque utilizó su segundo nombre y tercer apellido) era un militar de una dilatada experiencia en el campo de las armas. Había nacido en el seno de una familia humilde de La Mancha, pues su padre era carretero de oficio. En un principio había sido destinado a la carrera eclesiástica, pero al estallar la Guerra de la Independencia, cuando sólo contaba con quince años de edad, tomó las armas contra los franceses. En 1815, con el grado de subteniente, embarcó con el general Morillo hacia América, donde permaneció hasta 1824 y donde tomó parte en las campañas que se desarrollaron en aquel continente para tratar de reprimir los brotes independentistas. Aunque no estuvo presente en la batalla de Ayacucho, a sus amigos políticos se les aplicó el apelativo de «ayacuchos». Pero su verdadera consagración como militar se produjo a raíz de su participación en la guerra carlista. Liberal convencido y muy inclinado hacia las ideas progresistas, fue escalando posiciones hasta llegar a sustituir al general Luis Fernández de Córdova en el mando del ejército del Norte. Su primer gran triunfo se produjo en la liberación del sitio de Bilbao, en cuyas operaciones obtuvo una decisiva victoria en la batalla de Luchana (1836), por lo que la reina gobernadora le concedió el condado de aquel lugar. Más tarde recibiría el título de duque de la Victoria.

Todos los biógrafos de Espartero coinciden en señalarlo como un hombre de un temperamento moderado y en atribuir su adscripción al progresismo a motivos puramente

Entrada en el Palacio Real del general Diego de León, uno de los militares sublevados contra la regencia de Espartero.

circunstanciales. Su aversión a la reina gobernadora, que fue surgiendo durante los últimos momentos de la regencia de ésta, llegó a convertirse en absoluta incompatibilidad y le llevó a militar en el partido contrario al que ella protegía. Los dos eran símbolos del triunfante liberalismo, señala Comellas: la regente, símbolo de la legitimidad; el generalísimo, símbolo de la victoria. Pero con una sustancial diferencia: Espartero regresaba de la guerra carlista como un vencedor; María Cristina, por su parte, seguía siendo la viuda de Fernando VII, y el motivo que había provocado su alianza con el bando liberal dejaba de existir desde el momento en que había terminado la guerra civil.

Desde el punto de vista político, Espartero era una figura con grandes limitaciones, pero era un hombre ambicioso, si bien es cierto que hay algunos que opinan que esa ambición le fue inculcada por su ayudante, Linaje. Espartero y los progresistas desterraron a María Cristina, pero nada se intentó contra la monarquía, ni tampoco contra la dinastía. Pero se daba la circunstancia de que la heredera era todavía menor de edad y había que prolongar la regencia hasta que Isabel cumpliese los catorce años, como establecía la Constitución de 1837.

Desde la insurrección de septiembre, las juntas provinciales habían enviado delegados a Madrid para formar una Junta Central. Cuando Espartero llegó a la capital, a finales de septiembre, consiguió que se le transfiriese el poder y pasó a convertirse en presidente del Consejo de Ministros. Con él formaron gobierno progresistas como Joaquín Ferrer, Álvaro Gómez Becerra y Manuel Cortina. El ministerio-regencia tomó medidas destinadas a incrementar los efectivos de la Milicia Nacional, a impulsar la venta de los

Litografía de N. González titulada *La Estafeta de Palacio. Fusilamiento de Diego León en Madrid (15 de octubre de 1841).*

bienes eclesiásticos y a revisar la política arancelaria con la colaboración de destacados elementos de la industria y el comercio. Se convocaron elecciones a Cortes que, una vez celebradas, dieron una amplia mayoría de los progresistas.

Esas Cortes se plantearon la cuestión de la regencia. Algunos diputados eran partidarios de una regencia de tres personas (los «trinitarios»), mientras que otros se inclinaban por la de una sola (los «unitarios»). En la votación, que se llevó a cabo el 8 de mayo de 1841, obtuvieron una amplia mayoría los partidarios de una regencia única. A continuación, en otra votación, Espartero fue elegido regente por 179 votos, frente a los 103 que obtuvo Agustín Argüelles. Comenzaba así la regencia de Espartero, que iba a tropezar con la misma dificultad que la de María Cristina, pues incurrió en el mismo defecto que ella al ser «regente de un partido». La única diferencia era que si María Cristina había apoyado a los moderados, Espartero apoyaría a los progresistas.

El nuevo regente tuvo que enfrentarse pronto no sólo a los ataques de los moderados, sino incluso a los de los propios progresistas. Ésa fue una de las claves más importantes de su fracaso. No obstante, la Milicia Nacional le fue siempre fiel, incluso después de su caída. En los barrios populares de Madrid fue siempre considerado como un héroe y conservó siempre la estima de la mayor parte de los habitantes de la capital de España. Sin embargo, en Barcelona se ganó el aborrecimiento de la mayoría de su población. Pero lo más importante para su carrera política es que le fueron abandonando las fuerzas vivas del país: las Cortes, la prensa, la burguesía y hasta el Ejército, que había sido el que lo había encumbrado en el puesto de mayor responsabilidad de la nación.

El hecho de que Espartero contase desde los primeros momentos con la oposición de los moderados no podía sorprender a nadie, aun más teniendo en cuenta que María Cristina, desde el destierro en París, se encargaba de alentar las intrigas contra su sucesor. El 7 de octubre se produjo una intentona contra el regente dirigida por los generales Concha, Pezuela, Diego de León y otros, que intentaron tomar el Palacio Real y apoderarse de la reina-niña Isabel. El golpe fracasó gracias a

Detalle del grabado *Pronunciamiento de junio de 1843*, con el retrato del militar y político Juan Prim y Prats. (Museo Municipal, Madrid.)

la rápida intervención de Espartero, y el general Diego de León fue capturado y ejecutado.

Pero lo que realmente socavó el poder del regente fue la oposición de su propio partido. ¿Cómo se explica este abandono si en 1839 se había mostrado como su líder indiscutible? Para Comellas, la causa fue «el excesivo personalismo del general». Como nunca entendió bien a los políticos, no hizo una política de partido, y además, su visión simplista del mando y su ignorancia del derecho constitucional, junto con su ambición, le hicieron confundir la jefatura del Estado con el ejercicio del poder ejecutivo. Quería manejar los hilos de la política concreta y eso le llevó a marginar a los elementos más valiosos y destacados de su partido, como Olózaga, Mendizábal o Fermín Caballero, que no se prestaban a ese juego. No tardarían éstos en pasarse a la oposición.

LA CAÍDA DE ESPARTERO

La creciente oposición contra Espartero, alentada por las consecuencias de la política económica, de la aprobación de la reforma arancelaria en 1841, de la creciente división dentro del progresismo y de los brotes de revolución que supuso el bombardeo de Barcelona en diciembre de 1842, tenía una constante alentadora en la reina-madre María Cristina, quien desde París conspiraba cuanto podía contra él, con la ayuda de los elementos moderados que se hallaban en el exilio o en la Península, y con el apoyo del mismo rey de Francia, Luis Felipe de Orleans, a quien le disgustaba la creciente influencia que Inglaterra había cobrado en España a partir de 1840.

El general Ramón Narváez y otros altos jefes del partido moderado dirigían la Orden Militar Española, especie de sociedad caballeresca que en 1842 había conseguido cuatrocientos afiliados en Cataluña. Sabedor Espartero de que la dirección de todas estas intrigas se hallaba en París, trató de presionar por medio del embajador inglés para obligar a Francia a abandonar la postura que había adoptado en este asunto.

Pero Espartero olvidaba que la oposición se fraguaba también dentro de su partido progresista, por lo que clausuró el Congreso y convocó elecciones para el mes de marzo. A esas elecciones, los llamados «progresistas puros», que no estaban de acuerdo con la política de Espartero, se presentaron por separado, y en algunas listas, junto con los candidatos moderados. Sus resultados fueron confusos y el nuevo Congreso apareció dividido en cuatro o cinco facciones distintas.

En la sesión parlamentaria del 20 de mayo de 1843 se produjo la ruptura formal entre las Cortes y el gobierno, y Olózaga conquistó indiscutiblemente el liderazgo de la oposición progresista con su célebre discurso «¡Dios salve al país! ¡Dios salve a la reina!». Efectivamente, dentro de las Cortes, una mayoría de 87 diputados que se tituló a sí misma «partido nacional», se opuso a los 47 ministeriales («partido legal») y retiró la confianza al gobierno. Era la tesis progresista de que la legalidad de un gabinete sólo puede apoyarse en la confianza parlamentaria. Espartero no pudo hacer otra cosa que disolver el Congreso el 26 de mayo. Con aquella medida se quedaba inevitablemente solo frente a una crítica ya generalizada.

La crisis política fue acompañada inmediatamente por la insurrección. Varias ciudades se levantaron en armas. En unas eran los estudiantes, en otras los militares y en otras los comerciantes y artesanos, aunque lo cierto es que la alianza de moderados y progresistas era puramente circunstancial y destinada a no perdurar en cuanto desapareciese el motivo que las había unido. La carencia de un plan de conjunto se observó en los levantamientos que comenzaron a producirse en las provincias. Las primeras sublevaciones, en Málaga y Granada, fueron de carácter exclusivamente progresista; las de Valencia y Sevilla tuvieron un carácter antirregencia, pero no puede señalarse una dirección moderada. Los dos focos principales de la rebelión estaban en Cataluña y en Andalucía. En Reus se había sublevado el progresista general Juan Prim, en tanto que el general Francisco Serrano, con Luis González Bravo, había acudido a Barcelona. En Zaragoza, el general Seoane, fiel a Espartero, había conseguido dominar la situación. Pero toda la franja mediterránea, desde Barcelona a Sevilla, parecía perdida para el regente hacia el 25 de julio de 1843.

Espartero adoptó una actitud habitual en él: la expectativa. No salió en campaña hasta el 28 de junio. En cambio, los moderados se apresuraron para no perder la iniciativa. Narváez, desde Francia se dirigió a Valencia, donde fue muy bien acogido. Prim y Serrano no se atrevían a marchar sobre

Detalle del grabado *Pronunciamiento de junio de 1843*, con el retrato del militar Francisco Montalt Milans del Bosch. (Museo Municipal, Madrid.)

Madrid por el impedimento que significaba Seoane en Zaragoza. El regente salió de Madrid con dirección a Ciudad Real y Albacete, circunstancia que aprovechó Narváez para dirigirse hacia la capital de España. Seoane, desde Zaragoza, trató de salirle al paso y los dos generales se enfrentaron en Torrejón de Ardoz entre el 22 y el 23 de julio. La victoria fue de Narváez y se debió, según Comellas, a motivos psicológicos y a razones de superioridad en la organización, disciplina y capacidad de mando. Madrid intentó resistir por medio de la Milicia Nacional, compuesta por 15.000 hombres, pero el corte del

Obra pintada en 1845 por Eusebio Valldeperas, en la que se ha representado a un grupo de miembros de las tropas sublevadas contra el gobierno de Espartero en 1842, que alternan con los del Batallón de Brusa en la calle barcelonesa de la Baixada de la Llibreteria. (Museu d'Història de la Ciutat, Barcelona.)

suministro de agua por parte de los atacantes obligó al gobierno a abrir las puertas de la capital, con las siguientes condiciones: respeto a la Constitución de 1837; mantenimiento de la Milicia Nacional; y respeto a los funcionarios públicos, a los que no se perseguiría por razones de tipo político.

Espartero conoció la caída de Madrid cuando se encontraba en Sevilla intentando asediar la ciudad. Al enterarse del curso de los acontecimientos, marchó a Cádiz, donde embarcó para Inglaterra. Terminaba así la regencia de Espartero, como había terminado tres años antes la de su antecesora, María Cristina de Borbón.

El reinado de Isabel II (1843-1868)

ISABEL II Y EL TRÁNSITO HACIA EL MODERANTISMO

A Isabel II hay que concederle un papel importante en el desarrollo histórico de la época. Su figura ha sido estudiada por no pocos biógrafos, aunque los resultados de dichos estudios han sido muy desiguales, pues la mayoría de ellos sólo son parte de trabajos de una temática más general, y, además, adolecen de un carácter excesivamente narrativo, novelado y anecdótico.

Todos los autores coinciden en señalar a la hija de Fernando VII como una mujer espontánea, directa, llena de vitalidad, algo ordinaria y poco agraciada. Los retratos que nos han llegado de ella la representan siempre como una mujer entrada en carnes, con la expresión viva pero con escaso atractivo femenino. Y, sin embargo, su vida sentimental fue muy agitada y, al parecer, desgraciada. Valle-Inclán, al referirse al período isabelino, hablaba de «corte de los milagros» para expresar los pequeños escándalos que se producían en el Palacio Real, que servían de pretexto para los caricaturistas y los críticos, y divertían al pueblo.

Aunque dotada de un cierto talento natural, Isabel no estaba capacitada para la política, y en este terreno navegó al pairo de unos consejeros que no siempre supieron desempeñar su papel con rectitud de miras. En cierto sentido, le ocurrió como a su madre, María Cristina de Borbón, que nunca supo adivinar el papel de arbitraje que le correspondería finalmente a la Corona en el sistema constitucional. Se dejó llevar por las

Entrada de la reina Cristina y de Isabel II en Madrid el 23 de marzo de 1844, fecha en la que la reina ya era considerada mayor de edad y Narváez ocupaba la presidencia del gobierno.

simpatías personales, aunque cuando ejerció la función que según la Constitución se le asignaba, es decir, la de nombrar o deponer ministros, reunir o disolver las Cortes, nunca actuó por iniciativa propia. Con frecuencia se ha hablado de la *camarilla* que rodeaba a la reina, como se hablaba de la *camarilla* de su padre y de la influencia que sus componentes ejercieron en la práctica política.

Pero, al igual que la de Fernando VII, poco sabemos a ciencia cierta sobre sus componentes. Resulta más verosímil la teoría de que esa *camarilla* estaba formada por los propios políticos en activo, antes que por

Ilustración alusiva a la defensa de la reina regente y de Isabel II.

personajes procedentes del pueblo, o de determinados sectores eclesiásticos, y ajenos a la vida oficial. De todas formas, estas conjeturas sobre los manejos políticos palaciegos, lo único que hacen es tratar de buscar una justificación a lo que en realidad no era más que un signo de debilidad del sistema.

Cuando triunfó la revolución antiesparterista, que había unido a moderados y progresistas, se nombró un gobierno dirigido por Joaquín María López, un progresista más táctico que estratega, antes dominador de los pequeños recursos que un gran planificador; un gran orador que supo mantener esa especie de mito de la coalición que había derribado a Espartero del poder. El nuevo presidente pensó que la única solución para acabar con las conmociones que tenían sumido al país en una permanente anarquía era dar por finalizado el período de las regencias y declarar mayor de edad a Isabel II, aunque todavía le faltaba un año para poder ocupar el trono, tal como establecía la Constitución de 1837 en su artículo 56. Para justificar tan importante paso se convocó una reunión de Cortes en la que, después de algunas objeciones, se aprobó la medida el 8 de noviembre de 1843.

Joaquín María López, a quien muchos progresistas consideraban como un traidor por haber llevado a cabo una política de compromiso con los moderados, dimitió una vez resuelto el problema de las provisionalidades. Él mismo propuso el nombre de Salustiano Olózaga como su sucesor. Olózaga era un hombre más de partido, no tan oportunista como López, y contaba, además, con el beneplácito de Narváez, el hombre fuerte del partido moderado, que no lo veía con disgusto. Había sido preceptor de la reina y por eso tenía cierta ascendencia sobre ella. Con él se rompe, en cambio, la coalición que había servido para derribar al regente, pues era de la opinión de que, una vez cumplido el objetivo para el que se había formado, había que iniciar una política exquisitamente liberal, lo que significaba la puesta en práctica de medidas de carácter progresista.

Promulgó una amnistía total para los esparteristas, modificó la Ley de Ayuntamientos y rearmó a la Milicia Nacional. Todo ello significaba un giro de 180 grados de la política, lo cual provocó la desconfianza de Narváez y de los moderados, que de una actitud pasiva y expectante pasarían inmediatamente a la acción para recuperar el poder al que se creían con más derecho que los progresistas.

La contraofensiva de los moderados se materializó en el nombramiento de Pedro José Pidal como presidente del Congreso de los Diputados, elegido con 80 votos, y no del candidato ministerial, Joaquín María López, que sólo obtuvo 56. Esa elección puso de manifiesto la superioridad de los moderados en el organismo legislativo, y la derrota no dejó a Olózaga otra alternativa que su disolución. El 28 de noviembre la reina firmó el correspondiente decreto y eso levantó el primer escándalo político de su reinado. Olózaga fue acusado de haber obligado a la reina a que firmase el documento, y los moderados consiguieron que Isabel II hiciese una declaración en este sentido, que fue leída en las Cortes. La reacción contra el jefe del gabinete fue general, y aunque negó los hechos fue obligado a dimitir. En un emocionado discurso que pronunció en la Cámara, en la que sería calificada como la «sesión de las lágrimas», pues los sollozos de Olózaga fueron recogidos hasta por el taquígrafo que anotaba sus palabras, protestó de su inocencia. Pero fue inútil; se le desterró y tuvo que marchar a Inglaterra.

Con Olózaga termina ese período de tránsito que se había abierto con el triunfo sobre Espartero y se inicia una etapa de claro predominio de los moderados, que la historiografía ha acuñado con el nombre de Década Moderada. El marqués de Miraflores señala los dos errores que a su juicio hicieron caer a los progresistas del poder: primero, no haberlo compartido con los moderados, con lo cual se exponían a ser zancadilleados por ellos; y segundo, haber identificado su suerte con la de Olózaga. Fueran éstas u otras las razones, lo cierto es que los moderados iban a encontrarse con el disfrute del poder a lo largo de diez años. La crisis en la que quedaron sumidos los progresistas hará que gobiernen

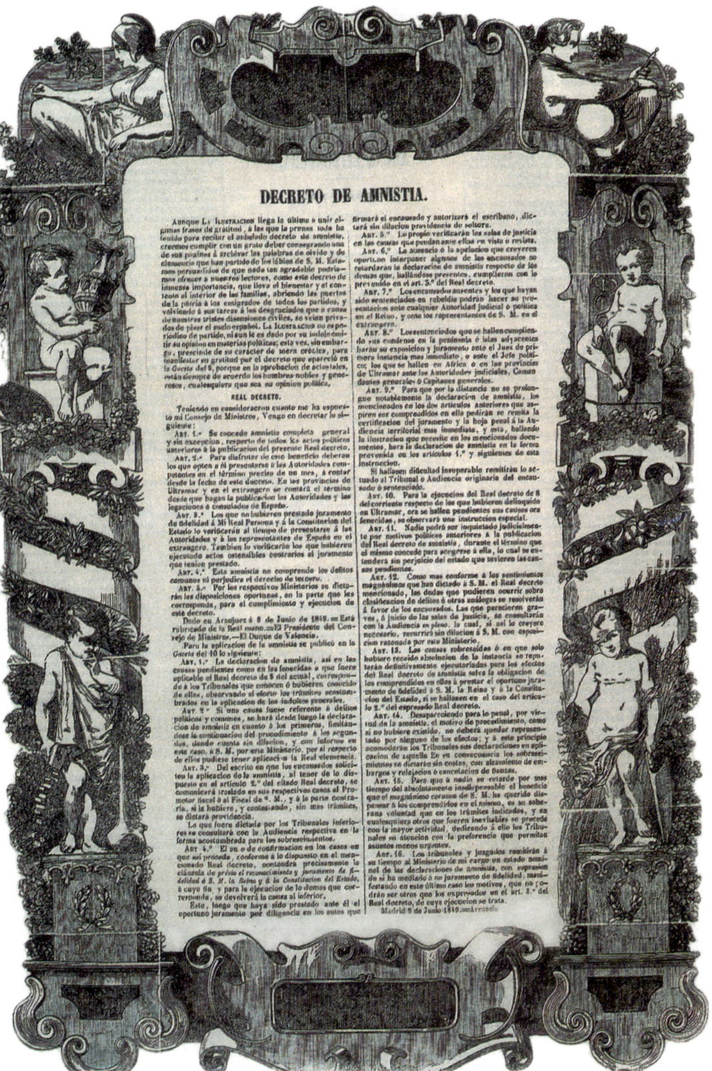

DECRETO DE AMNISTIA.

Aunque LA ILUSTRACION llega la última a unir algunas frases de gratitud, á las que la prensa toda ha tenido para recibir el anhelado decreto de amnistía, creemos cumplir con un grato deber consagrando una de sus páginas á archivar las palabras de olvido y de clemencia que han partido de los lábios de S. M. Estamos persuadidos de que nada tan agradable podríamos ofrecer a nuestros lectores, como este decreto de inmensa importancia, que lleva el bienestar y el contento al interior de las familias, abriendo las puertas de la pátria á los emigrados de todos los partidos, y volviendo á sus tareas á los desgraciados que á causa de nuestras tristes disensiones civiles, se veian privados de pisar el suelo español. LA ILUSTRACION no es periódico de partido, ni aun le es dado por su índole emitir su opinion en materias políticas; esta vez, sin embargo, prescinde de su carácter de mera crónica, para manifestar su gratitud por el decreto que apareció en la *Gaceta* del 9, porque en la aprobacion de actos tales, están siempre de acuerdo los hombres nobles y generosos, cualesquiera que sea su opinion política.

REAL DECRETO.

Teniendo en consideracion cuanto me ha espuesto mi Consejo de Ministros, Vengo en decretar lo siguiente:

ART. 1.° Se concede amnistía completa general y sin escepcion, respecto de todos los actos políticos anteriores á la publicacion del presente Real decreto.

ART. 2.° Para disfrutar de este beneficio deberan los que opten a él presentarse á las Autoridades competentes en el término preciso de un mes, á contar desde la fecha de este decreto. En las provincias de Ultramar y en el extrangero se contará el término desde que hagan la publicacion las Autoridades y las legaciones ó consulados de España.

ART. 3.° Los que no hubieren prestado juramento de fidelidad á Mi Real Persona y á la Constitucion del Estado lo verificarán al tiempo de presentarse á las Autoridades y á los representantes de España en el extrangero. Tambien lo verificarán los que hubieren ejecutado actos ostensibles contrarios al juramento que tenian prestado.

ART. 4.° Esta amnistía no comprende los delitos comunes ni perjudica el derecho de tercero.

ART. 5.° Por los respectivos Ministerios se dictarán las disposiciones oportunas, en la parte que les corresponda, para el cumplimiento y ejecucion de este decreto.

Dado en Aranjuez á 8 de Junio de 1849. = Está rubricado de la Real mano. = El Presidente del Consejo de Ministros.—El Duque de Valencia.

Para la aplicacion de la amnistía se publicó en la *Gaceta* del 10 lo siguiente:

ART. 1.° La declaracion de amnistía, así en las causas pendientes como en las fenecidas a que fuere aplicable el Real decreto de 8 del actual, corresponde á los Tribunales que conocen ó hubieren conocido de ellas, observando al efecto los trámites acostumbrados en la aplicacion de los indultos generales.

ART. 2.° Si una causa fuese referente á delitos políticos y comunes, se hará desde luego la declaracion de amnistía en cuanto á los primeros, limitándose la continuacion del procedimiento á los segundos, dando cuenta sin dilacion, y con informe en este caso, á S. M. por este Ministerio, por si respecto de ellos pudiese tener aplicacion la Real clemencia.

ART. 3.° Del escrito en que los encausados soliciten la aplicacion de la amnistía, al tenor de lo dispuesto en el artículo 2.° del citado Real decreto, se comunicará traslado en sus respectivos casos al Promotor fiscal ó al Fiscal de S. M., y á la parte contraria, si la hubiere, y contestando, sin mas trámites, se dictará providencia.

La que fuere dictada por los Tribunales inferiores se consultará con la Audiencia respectiva en la forma acostumbrada para los sobreseimientos.

ART. 4.° El auto de confirmacion en los casos en que así proceda, conforme á lo dispuesto en el mencionado Real decreto, contendrá precisamente la cláusula de *prévio el reconocimiento y juramento de fidelidad á S. M. la Reina y á la Constitucion del Estado*, á cuyo fin y para la ejecucion de lo demas que corresponda, se devolverá la causa al inferior.

Este, luego que haya sido prestado ante él el oportuno juramento por diligencia en los autos que firmará el encausado y autorizará el escribano, dictará sin dilacion providencia de soltura.

ART. 5.° Lo propio verificarán las salas de justicia en las causas que pendan ante ellas en vista ó revista.

ART. 6.° La ausencia ó la apelacion que creyeren oportuno interponer algunos de los encausados no retardarán la declaracion de amnistía respecto de los demas que, hallándose presentes, cumplieron con lo prevenido en el art. 3.° del Real decreto.

ART. 7.° Los encausados ausentes y los que hayan sido sentenciados en rebeldía podrán hacer su presentacion ante cualquier Autoridad judicial ó política en el Reino, y ante los representantes de S. M. en el extrangero.

ART. 8.° Los sentenciados que se hallen cumpliendo sus condenas en la península ó islas adyacentes harán su exposicion y juramento ante el Juez de primera instancia mas inmediato, ó ante el Jefe político; los que se hallen en Africa ó en las provincias de Ultramar ante las Autoridades judiciales, Comandantes generales ó Capitanes generales.

ART. 9.° Para que por la distancia no se prolongue notablemente la declaracion de amnistía, los mencionados en los dos artículos anteriores que aspiren ser comprendidos en ella pedirán se remita la certificacion del juramento y la hoja penal á la Audiencia territorial mas inmediata, y esta, hallando la ilustracion que necesite en los mencionados documentos, hará la declaracion de amnistía en la forma prevenida en los artículos 1.° y siguientes de esta instruccion.

Si hallasen dificultad insuperable remitirán lo actuado al Tribunal ó Audiencia originaria del encausado ó sentenciado.

ART. 10. Para la ejecucion del Real decreto de 8 del corriente respecto de los que hubieren delinquido en Ultramar, ora se hallen pendientes sus causas ora fenecidas, se observará una instruccion especial.

ART. 11. Nadie podrá ser inquietado judicialmente por motivos políticos anteriores á la publicacion del Real decreto de amnistía, durante el término que el mismo concede para acogerse á ella, lo cual se entenderá sin perjuicio del estado que tuvieren las causas pendientes.

ART. 12. Como mas conforme á los sentimientos magnánimos que han dictado á S. M. el Real decreto mencionado, las dudas que pudieren ocurrir sobre clasificacion de delitos ú otras análogas se resolverán á favor de los encausados. Las que parecieren graves, á juicio de las salas de justicia, se consultarán con la Audiencia *en pleno*, la cual, si así lo creyere necesario, recurrirá sin dilacion á S. M. con esposicion razonada por este Ministerio.

ART. 13. Las causas sobreseidas ó en que solo hubiere recaido absolucion de la instancia se reputarán definitivamente ejecutoriadas para los efectos del Real decreto de amnistía salva la obligacion de los comprendidos en ellas á prestar el oportuno juramento de fidelidad á S. M. la Reina y á la Constitucion del Estado, si se hallasen en el caso del artículo 2.° del espresado Real decreto.

ART. 14. Desapareciendo para lo penal, por virtud de la amnistía, el motivo de procedimiento, como si no hubiere existido, no deberá quedar representado por ninguno de los efectos; y á este principio acomodarán los Tribunales sus declaraciones en aplicacion de aquella. En su consecuencia los sobreseimientos se dictarán sin costas, con alzamiento de embargos y relajacion ó cancelacion de fianzas.

ART. 15. Para que á nadie se retarde por mas tiempo del absolutamente indispensable el beneficio que el magnánimo corazon de S. M. ha querido dispensar á los comprendidos en el mismo, es su soberana voluntad que en los trámites indicados, y en cualesquiera otros que fueren inevitables se proceda con la mayor actividad, dedicando á ello los Tribunales su atencion con la preferencia que permitan asuntos menos urgentes.

ART. 16. Los tribunales y juzgados remitirán á su tiempo al Ministerio de mi cargo un estado nominal de las declaraciones de amnistía, con espresion de si ha mediado ó no juramento de fidelidad, manifestando en este último caso los motivos, que no podrán ser otros que los espresados en el art. 3.° del Real decreto, de cuya ejecucion se trata.

Madrid 9 de Junio 1849. = Arrazola.

Reproducción de una página de *L'Illustration. Periódico Universal*, del año 1849, con la publicación del decreto de amnistía dictado durante la década de gobierno de los moderados. (Biblioteca Nacional, Madrid.)

prácticamente sin oposición, lo cual, por otra parte, propicia un período de relativa estabilidad política como no se volvería a conocer en todo el reinado.

Luis González Bravo formó un gobierno puente hacia el moderantismo. Había sido un periodista muy extremista y crítico, que había atacado sistemáticamente a María Cristina durante su regencia. Había sido director del periódico *El Guirigay*, y había capitaneado un grupo llamado La Joven España, formado por intelectuales y periodistas jóvenes, que tenía como propósito servir de enlace entre las dos

Placa conmemorativa de la fundación de la Guardia Civil en 1844.

grandes fuerzas políticas existentes. Sin embargo, después del *affaire* Olózaga, aquello resultaba ya inviable y el grupo se deshizo. Su política en el gobierno fue muy autoritaria, sobre todo frente a algunos brotes de insurrección progresista. Disolvió la Milicia Nacional y sometió a la prensa a una severa censura. Creó una comisión de reforma del sistema tributario presidida por Javier de Burgos y que contaba con dos técnicos de valía como eran Alejandro Mon y Ramón de Santillán, quienes años después culminarían una profunda reforma de la Hacienda española.

Pero quizá la medida de mayor trascendencia que tomó el gobierno de González Bravo fue la creación de la Guardia Civil, mediante el Real Decreto de 23 de marzo de 1844, y cuyo artífice y organizador fue el duque de Ahumada, segundo hijo del marqués de las Amarillas. Enrique Martínez Ruiz ha puesto de manifiesto en un documentado estudio que tal iniciativa no respondía únicamente al deseo de crear una fuerza armada capaz de contrarrestar la importancia que la Milicia Nacional había llegado a alcanzar para el progresismo. Trataba, sobre todo, de cubrir una acuciante necesidad, como era la de procurar seguridad en los campos y caminos de la geografía española, dominados por toda clase de bandoleros, salteadores y contrabandistas. Su modelo fue la Gendarmería francesa, y su eficacia, probada repetidamente, fue haciendo desaparecer paulatinamente los distintos cuerpos armados de carácter local existentes hasta entonces.

LA DÉCADA MODERADA Y LA CONSTITUCIÓN DE 1845

El tránsito hacia el moderantismo culminó cuando el 2 de mayo de 1844 la reina nombraba un gobierno presidido por Ramón María Narváez. Desde ese momento los moderados consagraron todos sus esfuerzos a poner en práctica sus ideas políticas. Pero el distinto origen histórico e ideológico de los elementos del moderantismo daba lugar a diversas proyecciones programáticas, entre las que es posible señalar las siguientes:

1) La llamada «facción Viluma», por el hecho de estar liderada por Manuel de la Pezuela, marqués de Viluma, y que preconizaba la idea de la reconciliación nacional, una síntesis entre la tradición y la revolución. Uno de los procedimientos para conseguirla sería aquella que algunos

intentaron con motivo de la Expedición Real durante la guerra carlista: el matrimonio del hijo de Carlos María Isidro de Borbón con la reina Isabel. Este grupo defendía un sistema representativo pero restringido y auténtico no por medio de los partidos políticos, sino a través de los cuerpos sociales españoles. Era un sistema más o menos doctrinario que trataba de reflejar las ideas de todos los españoles y que pretendía la reconciliación con los vencidos en la I Guerra Carlista. Sin embargo, esta idea de tender la mano a los carlistas no era vista con agrado por la mayor parte de los políticos, que no aceptaron el programa de Viluma.

2) En el otro extremo estaba el grupo de los «puritanos», encabezados por Joaquín Francisco Pacheco. Este sector buscaba un moderantismo estrictamente legal y constitucional y se separó del grueso del partido con motivo de la discusión del proyecto de la Constitución de 1845. Pacheco no era partidario de la elaboración de un nuevo texto, pues creía que era suficiente con reformar la existente de 1837. No puede, por eso, considerarse a los puritanos como el ala izquierda del moderantismo. Como los demás, son también partidarios del orden y de la conservación de los logros del liberalismo, pero quieren un moderantismo legal, la aplicación estricta de las leyes existentes. No quieren predicar una cosa y practicar otra distinta. En su programa entra también la idea de la reconciliación, pero a diferencia de la facción Viluma, sólo en el seno de los vencedores de la guerra civil. Preconizan un entendimiento con los progresistas, y Pacheco, junto con Antonio Ríos Rosas, lanza la idea de un turno de partidos en el poder, determinado por unas elecciones limpias.

3) La gran masa centrista de los moderados, cuyo cerebro era Pidal y su cabeza visible el general Narváez, constituía el tercero de los grupos. No mostraban una especial preocupación por la reconciliación, y se basaban en el principio de que «el poder no se otorga, se conquista». Convencidos de la idea de la selección de los mejores, creían que éstos eran los moderados y, por consiguiente, no se planteaban la concordia entre los extremos.

Retrato del militar y político Ramón María Narváez, duque de Valencia, destacado general durante la guerra carlista y jefe del partido moderado, que accedió al poder en 1844. (Biblioteca Nacional, Madrid.)

De estos tres moderantismos posibles, triunfó este último, no sólo porque tendía más a los hechos que a las ideas, sino porque contaba con la figura del general Narváez, cuya personalidad y autoridad iba a llenar toda la primera etapa isabelina.

El general Narváez, cuya biografía política no terminó de realizar el profesor Jesús Pabón, aunque su estudio inconcluso fue publicado por Carlos Seco, era natural de Loja (Granada), donde había nacido en 1800. A los quince años ingresó en el Regimiento de Guardias Valonas y en 1823 luchó al lado de la Milicia y de los

Grabado que muestra una vista del establecimiento tipográfico en el que se imprimían las publicaciones *La Ilustración Española, El Semanario Pintoresco Español, La Biblioteca Universal* y *Las Novedades*, algunas de las revistas más importantes aparecidas entre los años 1849 y 1851, durante la Década Moderada. (Biblioteca Nacional, Madrid.)

constitucionales, cuando se produjo la intervención del ejército francés de los Cien Mil Hijos de San Luis. Fue confinado en un depósito de refugiados en el sur de Francia y allí, en un momento de desesperación, intentó suicidarse cortándose las venas. Mostraba ya Narváez en aquellos momentos uno de los rasgos más peculiares de su carácter: el de los bruscos cambios de su estado de ánimo, que le llevaban incluso a estos grados de desesperación. Tomó parte en la guerra carlista, en la que fue ascendiendo rápidamente en el escalafón hasta alcanzar el grado de mariscal de campo. Terminada la guerra, comenzó su carrera política como diputado, pero su implicación en la lucha contra Espartero le llevó de nuevo al destierro, de donde volvió en 1843 para contribuir de una forma decisiva a la caída del regente. De él se cuentan infinidad de anécdotas, algunas de las cuales han sido recogidas en el mencionado estudio del profesor Pabón, y todas ellas justifican el apelativo por el que era conocido: *El Espadón de Loja*.

La Constitución de 1845

Cuando Narváez fue nombrado presidente del Consejo, disolvió las Cortes y convocó nuevas elecciones, en las que fue elegido un solo diputado de la oposición, José María Orense, lo que refleja perfectamente el abrumador dominio de los moderados. En las nuevas Cortes se planteó la necesidad de reformar la Constitución de 1837, y desde el principio ésta era una idea que parecía iba a prevalecer, aunque al final acabó imponiéndose una distinta.

La Constitución de 1845 es un documento que expresa con exactitud el ideario político del moderantismo, aunque en realidad conserva la misma estructura externa de la anterior. Está dividida en 13 títulos y éstos en 80 artículos, tres más que los que componían la de 1837. Lo primero que se reforma es el preámbulo, en el que se justifica la existencia histórica de dos grandes instituciones, la monarquía y las Cortes, que acuerdan sus voluntades «para regularizar y poner en consonancia con las necesidades actuales del Estado los antiguos fueros y libertades de estos reinos». Es decir, se omite la mención a la soberanía nacional y se incluye el principio de la soberanía compartida, más en consonancia con el ideario moderado.

En lo referente a los derechos del ciudadano, Sánchez Agesta ha señalado la significativa matización de que no aparecen especificados, sino regulados. Así, por ejemplo, la libertad de imprenta existirá «con sujeción a las leyes».

Se introdujeron algunas modificaciones en la composición y en la naturaleza del Congreso de los Diputados. La duración del mandato parlamentario se aumentó de tres a cinco años, según se justificó en los debates, porque las elecciones eran acontecimientos «que ponen en agitación las pasiones, que encienden los odios de los partidos y que distraen a las personas laboriosas de sus ocupaciones ordinarias». Desaparecía la cláusula según la cual si el rey no convocaba las Cortes en un año, éstas debían reunirse obligatoriamente el 1 de diciembre, aunque se mantenía aquella que establecía que en el caso de la disolución de las Cortes por el monarca, habrían de celebrarse nuevas elecciones en el plazo de tres meses.

La Ley Electoral del 18 de marzo de 1846 vino a ampliar las modificaciones del propio texto constitucional con respecto al Congreso. El número de diputados aumentó a 349 para que así pudiesen estar mejor representados todos los intereses del país y al mismo tiempo pudiesen solaparse mejor las frecuentes ausencias que se producían habitualmente en las sesiones. Por el contrario, se restringía el cuerpo electoral, de tal manera que sólo se concedía el derecho al voto a los españoles mayores de veinticinco años que pagasen 400 reales de contribución directa y a determinadas capacidades o categorías profesionales que pagasen la mitad de esa cantidad.

Según Artola, si en la ley electoral vigente con la Constitución de 1837 el número de españoles con derecho al voto oscilaba entre los 500.000 y los 600.000 individuos, ahora esa cifra quedaba reducida a los 97.000. Por último, otra novedad importante en cuanto a las elecciones fue la de cambiar las circunscripciones provinciales por los distritos, con el objeto de que cada elector votase al mismo número de candidatos, eliminando así la presunta desigualdad que significaba que los votantes de las provincias más numerosas votasen una lista más grande que los de provincias más pequeñas.

El Senado sufrió las reformas más importantes, puesto que los legisladores estimaron que con una composición electiva, tal como contemplaba el texto de la anterior Constitución, no existía una gran diferencia con el Congreso. Así pues, descartado el Senado electivo, y también el hereditario que defendió ardorosamente Juan Bravo Murillo en los debates, se estableció una alta Cámara de designación regia entre determinadas categorías que disfrutaban de ciertas rentas, con un número ilimitado y de condición vitalicia.

En cuanto al rey, su figura queda reforzada al retirarse algunas de las limitaciones a su libertad que establecía la Constitución de 1837. La más discutida de todas fue aquella que requería una autorización por una ley especial para que pudiese contraer matrimonio, y que se sustituyó (art. 47) por una cláusula que decía así: «El rey antes de contraer matrimonio lo pondrá en conocimiento de las Cortes, a cuya aprobación se someterán las estipulaciones y contratos matrimoniales que deban ser objeto de una ley. Lo mismo se observará respecto al inmediato sucesor de la Corona». El propósito de esta modificación quedó frustrado porque, como señala Tomás de Villarroya, el matrimonio de Isabel II dio lugar en España y en Europa a una serie de intrigas poco acordes con el respeto que la nueva

La reina Isabel en un retrato realizado por Federico Madrazo. (Instituto de España, Madrid.)

redacción había querido para la realeza en una materia tan delicada.

De ligera, pero significativa, califica Comellas la reforma municipal. La función de los ayuntamientos quedó reducida a la meramente administrativa, ya que se les quitó toda dimensión política que venían ejerciendo, principalmente al servicio del partido progresista.

El título X sólo cambió –pero de una forma significativa también– en cuanto al enunciado del epígrafe. En vez de «poder judicial» pasó a encabezarse con el de «administración de justicia».

Ejemplar de la Constitución de 1845 conservado en la biblioteca de las Cortes (Madrid).

Por último, en el título XIII sólo se suprimió un artículo, pero precisamente aquel que se refería a la Milicia Nacional, con lo que se eliminó un instrumento que los progresistas habían manejado a su antojo y que se había convertido en fuente de agitación y de revuelta frente a los gobiernos moderados.

Para Sánchez Agesta, el aspecto más importante de la Constitución de 1845 es que el gobierno puede contar con una Cámara, el Senado, y reunir, suspender o disolver la otra, sin más cortapisa que la de reunirla obligatoriamente una vez al año para aprobar los presupuestos, y convocar su elección dentro de los tres meses siguientes a su disolución. Eso permitió que los gobiernos pudiesen mantenerse con la sola confianza regia, mientras que las Cortes permanecían cerradas, lo que sin duda constituyó una tentación para una Corona que se inclinaba sin disimulo por el mantenimiento en el poder del partido que seguía pareciendo menos peligroso para la estabilidad de las instituciones.

La Constitución de 1845 es la base política sobre la que descansa el sistema liberal hasta la revolución de 1868, y si la de 1837 había significado una transacción entre los principios moderados y los progresistas, la aprobada ahora adquirió un claro signo moderado.

Narváez y los gobiernos

El primer gobierno de Narváez duró escasamente dos años (2 de mayo de 1844 a 12 de febrero de 1846), y de él formaron parte destacados elementos del moderantismo: Pidal (Gobernación), Mon (Hacienda), Luis Mayans (Gracia y Justicia), Francisco Armero (Marina) y el marqués de Viluma (Estado) que sería sustituido por Martínez de la Rosa.

Narváez era un hombre sin experiencia gubernamental, pero decidido a aplicar una política autoritaria, como no era menos de esperar, dado su temperamento y su carácter más dado a la acción que a la reflexión. Eso le llevó a infringir la Constitución que él mismo acababa de hacer aprobar, con la justificación de que había que hacer frente a una difícil situación y que era necesario salvar las instituciones y conservar los logros conseguidos. Declaró el estado de sitio en varios lugares del país, procedió a encarcelar a algunos enemigos políticos y suprimió la institución del jurado.

Las dificultades eran promovidas por los progresistas, quienes desde la aprobación de la Constitución se habían aplicado a su tarea revolucionaria, renunciando a la participación política mediante la práctica del retraimiento. A través de sus tres periódicos más conocidos, *El Eco del Comercio, El Espectador* y *El Clamor Público*, reprocharon a los moderados la traición que había significado el abandono de la Constitución de 1837 y estimularon a sus seguidores a apartarse de los caminos que marcaba la legalidad.

Valera se refiere a las dificultades de Narváez, que tenía que hacer frente no sólo a estas insurrecciones progresistas, sino a las intrigas de las camarillas de su mismo partido. En efecto, no tardarían mucho en producirse importantes defecciones entre sus propios colaboradores, en desacuerdo con su política. Primero fue la dimisión del marqués de Viluma, después la de los puritanos Pacheco y Pastor Díaz, y, por último, cincuenta diputados, en desacuerdo con el presidente del Consejo sobre el matrimonio que proyectaba la reina con el conde de Trapani, y encabezados por Pidal y Mon.

Narváez se vio obligado a presentar la dimisión, después de veintiún meses de gobierno. Cuando se analiza el reinado de Isabel II puede dar la impresión de que los diez primeros años desde su subida al trono, la llamada Década Moderada, constituyen un período de estabilidad política, en franco contraste con la etapa histórica precedente y con la que tuvo lugar posteriormente. El hecho de que fuese un solo partido el que monopolizase el poder durante un período tan prolongado de tiempo podría hacer pensar a un observador superficial que todo marchaba sobre ruedas al haber quedado minimizada la oposición. Nada más lejos de la realidad. La dimisión de Narváez fue la primera de una continuada y frecuente serie de crisis ministeriales, que ponía de manifiesto que, a falta de un progresismo fuerte, era suficiente la división y los enfrentamientos entre los propios moderados para provocar esta crisis. Hasta junio de 1854 hubo, después de éste de Narváez, doce gobiernos diferentes, alguno de los cuales sólo se sostuvo en el poder por espacio de unas horas.

El marqués de Miraflores sustituyó a Narváez y, a diferencia de su antecesor, contó con el apoyo de una gran mayoría en las Cortes y con la opinión favorable de la prensa. Su propósito era el de dar primacía a las leyes por encima de las pasiones y de los intereses partidistas. Para ello contaba con la garantía que ofrecía su honestidad personal y su integridad moral. Sin embargo, a pesar de las favorables expectativas que suscitó, poco pudo hacer Miraflores desde el gobierno. Encauzó las negociaciones con la Santa

Retrato de Ramón María Narváez, uno de los protagonistas de los cambios de gobierno durante el reinado de Isabel II.

Sede, tomó algunas medidas fiscales consistentes en la reducción de ciertos impuestos, y se mostró contrario a la candidatura del conde de Trapani al matrimonio con Isabel II. Esta postura le granjeó la enemistad con Narváez, quien a pesar de haber sido el que aconsejó su nombramiento, intervino ahora para provocar su caída.

En una tormentosa sesión de Cortes, el 16 de marzo, en la que los diputados se enzarzaron en una insólita discusión sobre si la reina debía o no ratificar su confianza al primer ministro, saltó la crisis. Narváez volvió por segunda vez al poder, en el que sólo pudo mantenerse esta vez hasta el 6 de abril. No obstante, en el espacio de esos diecinueve días de gobierno dejó de nuevo constancia de su autoritarismo y de la intransigencia de su talante. Se publicó entonces la nueva ley electoral, y Javier de Burgos, como ministro de la Gobernación, tomó medidas para llevar a cabo una repoblación forestal y para reorganizar la Academia de Bellas Artes. Poco más pudo hacer Narváez, ya que la dimisión de su ministro de Marina, Juan de la Pezuela, a quien no se le aceptó la reforma que quería introducir en la Bolsa, arrastró también al presidente del Consejo.

La persona que sustituyó a Narváez en esta ocasión fue Francisco Javier de Istúriz, quien consiguió mantenerse en el gobierno desde el 6 de abril de 1846 hasta el 27 de enero de 1847. Durante ese, relativamente largo, período de tiempo, tuvo que enfrentarse a muchos problemas, pero pudo tener también la satisfacción de ver resuelto uno grave que venía arrastrándose desde hacía tiempo: el matrimonio de la reina. Aun por nimio que pueda parecer este asunto, implicaba graves cuestiones en el plano internacional y en la política interior del país, además de las repercusiones que podía tener en el plano personal para la propia Isabel II.

En realidad, la cuestión del matrimonio de la reina se había planteado ya antes de su mayoría de edad, cuando se produjo el intento de casarla con el hijo del infante Carlos de Borbón para dar término a la guerra civil y contribuir con ello a la reconciliación nacional. De nuevo se suscitó esta candidatura una vez terminada la guerra, apoyada por el marqués de Viluma y por el publicista Jaime Balmes, quien la defendió desde su periódico *El Pensamiento de la Nación*. Pero Narváez se opuso porque estimaba que a aquellas alturas al régimen no le hacía falta ya el apoyo de los carlistas. A partir de entonces se originó una dura controversia sobre la cuestión, que daría lugar a enfrentamientos políticos, a pronunciamientos e incluso a toma de posturas en la escena internacional que llevaron al borde de la guerra a algunas potencias europeas.

Ya se ha hecho referencia a la candidatura del conde de Trapani y a la postura al respecto de algunos políticos del momento. Francisco de Paula de Borbón-Dos Sicilias, conde de Trapani, era el hijo menor de Francisco I de Nápoles y de María Isabel de Borbón, hermano, por tanto, de María Cristina y tío de Isabel II. Era un hombre serio, piadoso, que había sido educado por los jesuitas, y aunque era apoyado por Francia, no era bien visto por Austria, que temía que de esta forma se escapase de su tutela el reino de las Dos Sicilias. Dentro de España, los progresistas rechazaban esta candidatura por tratarse del hermano de la odiada ex regente y por contar con el apoyo del gobierno francés.

Los progresistas se decantaban por la candidatura del infante Enrique de Borbón, duque de Sevilla. Era primo de la reina y exaltado de ideas políticas, como dejó traslucir en un manifiesto que publicó en 1845, en el que se declaraba dispuesto a aceptar la solución que fuese en beneficio de la patria y en donde incluyó algunas referencias a la libertad y al progreso, ideas que levantaron la oposición de

Retrato de Isabel II y Francisco de Asís de Borbón, cuya boda se convirtió en un asunto de Estado y de política continental. (Museo Provincial de Bellas Artes, Cádiz.)

Retrato realizado en 1845 del político Francisco Javier de Istúriz, que fue presidente del Congreso y del gobierno. (Biblioteca Nacional, Madrid.)

los moderados. Por su participación en una intentona progresista fue desterrado a Francia, donde siguió intrigando con elementos de este partido, como Olózaga, Cortina y el propio Espartero, quien, según el marqués de Miraflores, que era entonces embajador en París, «espera volver a España bajo la enseña del príncipe don Enrique». Pero los progresistas tenían entonces muy poca fuerza para imponer esta candidatura y forzar el cambio político que ello hubiese implicado.

Se habló también en 1844 de la candidatura del hijo del monarca francés, Luis Felipe de Orleans, el duque de Aumale. Esta solución era grata a Narváez, pero tropezaba con la decidida oposición de Inglaterra por la previsible ruptura del equilibrio europeo que de ello podía resultar. Al final, lo que únicamente se concertó entre las dos casas reales fue el matrimonio de Luisa Fernanda, hermana menor de Isabel, con el duque de Montpensier.

Otra posibilidad que el gobierno de Istúriz consideró fue la del príncipe Leopoldo de Sajonia-Coburgo, pero tropezó con la oposición del rey francés, toda vez que un Coburgo era rey consorte de Gran Bretaña y un acercamiento entre las dos naciones no interesaba en absoluto a París. Los problemas internacionales que suscitaba el matrimonio de la reina española fueron resueltos en la conferencia de Eu (septiembre de 1845), donde tanto la reina Victoria de Gran Bretaña como Luis Felipe de Francia renunciaron a apoyar a los príncipes de sus respectivas familias y acordaron que Isabel II debería casarse con un Borbón, con el objeto de que no se alterase la paz internacional.

La única salida posible era la de un candidato español, y entre éstos el que resultaba menos controvertido era Francisco de Asís, hijo de los infantes Francisco de Paula de Borbón y Luisa Carlota, y hermano del ya descartado Enrique, duque de Sevilla. Francisco de Asís, duque de Cádiz, era un hombre poco inclinado a la política y con escasa personalidad, por lo que no contaba con grandes enemigos. Francia aceptó a este candidato si se concertaba al mismo tiempo la boda de Luisa Fernanda con el quinto hijo de Luis Felipe, y la doble ceremonia se celebró el 10 de octubre de 1846, el día en que Isabel cumplía dieciséis años.

El matrimonio de Isabel II constituyó un fracaso, y la incompatibilidad de caracteres de ambos esposos provocó su separación temporal. El rey consorte marchó a vivir al palacio de El Pardo, mientras que la reina manifestaba una indisimulada inclinación por el general Francisco Serrano, quien tuvo que ser alejado de la corte mediante su nombramiento como capitán general de Granada. Tras este destierro amoroso, se llegó a una aparente reconciliación del matrimonio.

La crisis del matrimonio real afectó al gobierno de Istúriz, el cual perdió apoyos tras las elecciones que se celebraron el 25 de diciembre de 1846. Los progresistas consiguieron un mayor número de escaños y, unidos a los puritanos de Pacheco, hicieron dimitir a Istúriz. La división en el seno del partido moderado, denunciada por sus prohombres, como Andrés Borrego, provocaba esta inestabilidad, en la que también intervenían, según Comellas, las animadversiones personales.

No fue fácil encontrar a la persona que se responsabilizase de formar nuevo gobierno, y después de varios intentos la reina consiguió convencer al duque de Sotomayor, quien fue nombrado presidente del Consejo el 28 de enero de 1847. En su discurso ante el Congreso mostró su propósito de esforzarse por conseguir la unión del moderantismo, «conciliando las animosidades y los intereses políticos opuestos y haciendo olvidar de este modo, si es posible, nuestras antiguas divisiones».

A pesar de su buena voluntad, no lo conseguiría. Los progresistas, los carlistas y, sobre todo, la facción puritana, reforzada con incorporaciones como la de José de Salamanca o el general Serrano, se encargarían de hacerle la vida imposible. El gobierno de Sotomayor, sin el apoyo de Narváez, que se había marchado a París como embajador, ni de la reina madre, que también se hallaba en Francia, no podía durar mucho, como así fue. A los dos meses exactos de su nombramiento, Sotomayor tenía que dejar el puesto al líder de los puritanos, Joaquín Francisco Pacheco. No dio muestras el nuevo jefe del gabinete de una exquisita aplicación de las leyes, como había predicado cuando se hallaba en la oposición y que le había valido el apelativo de *Pontífice del Puritanismo.* Se valió de la intriga, violó la legalidad y, en definitiva, se mostró tan «impuro» en el ejercicio de la política como lo eran habitualmente los que antes o después que él alcanzaban la confianza regia. Su intento de tender cuanto fuese posible la mano a la oposición progresista, por muy encomiable que fuese, no dio resultado. A pesar de la concesión de amnistía a Olózaga y hasta al anciano príncipe de la Paz, Manuel de Godoy, que se hallaba todavía desterrado en Francia, nada pudo hacer para sofocar las críticas y el malestar general que se respiraba en el país.

La dimisión de Pacheco se produjo el 31 de agosto, y tras un breve gobierno presidido por Florencio García Goyena, que siguió la línea trazada por su antecesor de intentar llegar a un acuerdo con la oposición, volvió al poder el general Narváez. El tercer gobierno de Narváez fue el más largo de todos, pues salvo un breve paréntesis de diecinueve horas del gobierno del conde de Cleonard, permaneció en la presidencia del Consejo hasta el 10 de enero de 1851, es decir, tres años y tres meses. A esa estabilidad gubernamental contribuyó la unión de las distintas facciones moderadas, que junto a la firmeza de Narváez, permitieron a éste desempeñar el poder de una forma dictatorial.

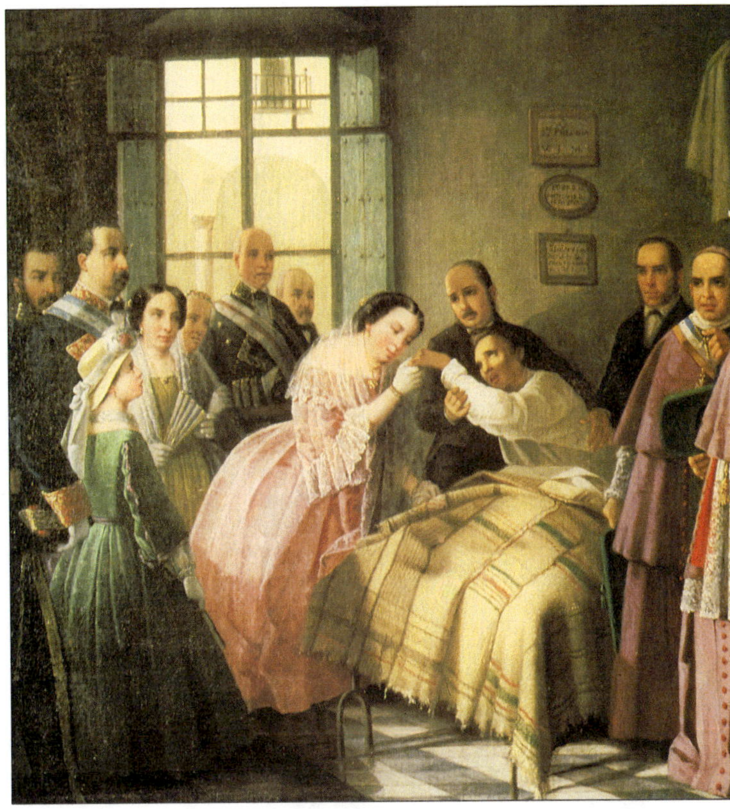

Óleo anónimo que representa la visita de Isabel II a un hospital.

LA REVOLUCIÓN DE 1848

El gobierno de Narváez tuvo que enfrentarse pronto a una prueba difícil: la crisis económica y los sucesos revolucionarios de 1848. En cuanto a la primera, puede calificarse de una típica crisis de crecimiento, consecuencia de la alegre y desordenada expansión de los años anteriores y también de las malas cosechas de los años 1846 y 1847. De todas formas, no era una crisis específicamente española, pues gran parte de Europa se vio afectada entonces por una situación similar. La carestía de productos agrícolas, la crisis financiera y la quiebra de numerosas compañías industriales, desencadenaron en varios países europeos un nuevo ciclo revolucionario, que tuvo también sus repercusiones en España.

Litografía de N. González según un dibujo de C. Múgica, con una imagen de la insurrección militar de marzo de 1848 en Madrid.

La historiografía más reciente coincide, no obstante, en afirmar que los sucesos que tuvieron lugar en nuestro país no pueden encuadrarse dentro del ciclo de las revoluciones de 1848 en el resto de Europa, aunque no deba descartarse una relación con ellas.

La revolución que tuvo lugar en Francia en el mes de febrero acabó con la monarquía de Luis Felipe de Orleans. Un mes más tarde, el 26 de marzo, se desarrollaron en Madrid unos incidentes promovidos por el ala radical del progresismo, entre cuyos elementos destacaban ya Fernando Garrido, Sixto Cámara, José María Orense y Ordax Avecilla, que no tardarían en integrarse en el nuevo partido demócrata. Los elementos más viejos del progresismo no se atrevieron a dar el paso adelante y la revuelta sólo fue protagonizada por medio millar de personas. Narváez obró con rapidez y dureza y consiguió controlar con prontitud la situación, utilizando a la Policía y al Ejército.

Hubo un segundo intento, el 7 de mayo, en la capital y en varias ciudades españolas. En esta ocasión, el levantamiento reunía las típicas características del pronunciamiento militar, pues lo encabezaban hombres como Gándara, Buceta, Serrano y Muñiz, y el peso de la acción corría a cargo del Regimiento España, que tenía su sede en el cuartel de San Mateo de la capital madrileña. También se le atribuye una importante participación en la preparación de la revuelta a José de Salamanca, quien estaba enfrentado a Narváez. En esta ocasión, tampoco costó mucho trabajo a las fuerzas gubernamentales reprimir este brote. En Madrid, el propio Narváez, junto con Fernández de Córdova, acorralaron a los sublevados en la Plaza Mayor, hasta obligarles a rendirse. En las otras ciudades, especialmente en Cataluña y en la zona de Levante, donde la revuelta se había iniciado bajo la bandera republicana, y en el Pirineo, donde los carlistas aprovecharon la confusión para lanzarse de nuevo al campo, la acción represiva de las fuerzas leales al gobierno fue muy expeditiva. Las intentonas habían fracasado.

La revolución de 1848 se redujo, pues, en España a una intentona revolucionaria abortada. La revuelta tuvo su trama conspiratoria, en la que hubo una clara participación de Inglaterra a través de su embajador en Madrid, Lytton Bulwer, para tratar de favorecer en España el restablecimiento de un gobierno progresista, más proclive siempre a ofrecer ventajas a sus intereses comerciales.

Narváez salió fortalecido de los incidentes, y el hecho de haber detenido la revolución en los Pirineos le convirtió en un héroe para las fuerzas conservadores de España y de Europa. Eso le valió el reconocimiento de la monarquía de Isabel II por parte de Austria, Prusia y Piamonte, en el plano internacional, y la concesión de poderes especiales, en el ámbito político nacional.

Para prevenir las posibles consecuencias de la caída de la monarquía de Orleans en Francia, Narváez había conseguido que las Cortes autorizaran, el 28 de febrero, a que «si las circunstancias lo exigieren, pueda adoptar las disposiciones que estime conducentes para la conservación de la tranquilidad y del orden público, declarándose para dicho caso en suspenso las garantías individuales que concede el artículo 7.º de la Constitución política de la Monarquía». Lo que en realidad obtenía el jefe de gobierno era la concesión de poderes dictatoriales, que iban a ser criticados por unos, como Cortina y Benavides, justificados por otros, como Andrés Borrego y Fernández de Córdova, y ensalzados por los más conservadores, como fue el caso de Donoso Cortés.

En mayor o menor grado, las distintas facciones del moderantismo cerraron filas con motivo de los acontecimientos de 1848. La formación de un bloque unido facilitó la tarea del gobierno de Narváez y explica su mayor perdurabilidad. Pero, al mismo tiempo, se registró a partir de entonces un deslizamiento del progresismo hacia la izquierda, que daría origen a la formación del partido demócrata en 1849.

Los poderes extraordinarios con los que fue investido Narváez le permitieron llevar a cabo algunas importantes realizaciones materiales, puesto que su actividad dejó de estar monopolizada por la lucha política en el Congreso y en la calle. Se terminó de construir el Palacio de las Cortes, en la Carrera de San Jerónimo, y también se pudieron culminar las obras del Teatro Real. Se urbanizó la Puerta del Sol y se dispuso el abastecimiento de agua a Madrid, mediante la construcción del Canal de Isabel II, cuya solemne ceremonia de inauguración de las obras tuvo lugar el 11 de agosto de 1851. Las obras públicas fueron impulsadas en todo el país, y otros departamentos, como el de Comercio, Industria e Instrucción Pública, en manos de Bravo Murillo, o el de Gobernación, encabezado por Sartorius, desplegaron una importante actividad y llevaron a cabo numerosas reformas económicas y administrativas.

A pesar de todo, Narváez no era bien visto por los personajes más importantes de la corte, en la que contaba con la antipatía del propio rey consorte. Esta falta de entendimiento no es suficiente para explicar la dimisión de Narváez el 19 de octubre de 1849, y el nombramiento del fugaz gobierno del conde de Cleonard, que, tras unas horas, dio paso de nuevo al general de Loja.

Retrato en porcelana del marqués de Salamanca, diputado y defensor de la clase financiera.

El gobierno de Cleonard fue una anécdota en la vida política de aquellos años. Narváez continuó gobernando durante más de un año con un gran desgaste político, sobre todo por la erosión que suponía la falta de simpatías con que contaba en palacio. Algunos de sus ministros dimitieron, como Bravo Murillo, disconformes con la política de alegre dispendio que practicaba el gobierno. Donoso Cortés, el teórico valedor de la omnipotencia de Narváez, le retiró también su apoyo. En un discurso que pronunció en la Cámara, el 30 de diciembre de 1850, criticó el despilfarro y la corrupción administrativa que se había alcanzado con el gobierno del duque de Valencia. La dimisión de éste se produjo el 10 de enero siguiente. Desaparecía el hombre que había sido capaz de aglutinar las diversas facciones del moderantismo, apagando temporalmente las ambiciones egoístas, que volverían a salir a flote durante los años siguientes del reinado de Isabel II.

Dibujo del sello real de Isabel II, cuyos gobiernos mantuvieron la misma organización militar diseñada por Carlos III. (Museo del Ejército, Madrid.)

La etapa de Bravo Murillo

Bravo Murillo había dimitido como ministro de Hacienda por desacuerdo con las directrices políticas y económicas de Narváez. No resultaba ilógico que fuese llamado en sustitución de éste.

Juan Bravo Murillo era un tecnócrata, mucho más dado a las cuestiones de la administración, en las que demostró su preparación y su competencia, que a los manejos de la política de su tiempo, la cual despreciaba profundamente. Había nacido en Fregenal de la Sierra (Badajoz) en 1803, y estudió en la Universidad de Sevilla, donde coincidió con Joaquín Francisco Pacheco y con Donoso Cortés. Comenzó a participar en la vida política como diputado durante la regencia de María Cristina, y ocupó varios cargos oficiales durante el reinado de Isabel II. Su honradez y su capacidad de trabajo se complementaban con unas ideas muy claras de lo que, a su juicio, debía ser el ejercicio de la política: un medio y no un fin, para alcanzar «la buena gobernación y la prosperidad de los Estados». Poseía una rara cualidad en los políticos españoles del siglo XIX, como era la de su sentido práctico, aunque, como señala Palacio Atard, quizá le faltase tacto político y don de la oportunidad.

Su gobierno estuvo formado por elementos que no habían tenido un papel importante en la política de los años precedentes, aunque gozaban de cierto prestigio en la Administración, como Manuel Bertrán de Lis, en Estado; Fermín Arteta, en Gobernación, y Santiago Fernández Negrete en Fomento. Entre los propósitos que traía, señala Valera, estaban los de rebajar la preponderancia que hasta entonces tenían los militares, arreglar la Hacienda y la cuestión de la deuda, y reformar la Constitución. Para la realización de alguno de estos objetivos no podía contar con ningún auxilio, y el que contase para otros iba a generarle necesariamente mayores dificultades y más dura oposición.

En líneas generales, puede decirse que el nuevo gobierno fue bien acogido, y buena prueba de ello fue el apelativo de *El Honrado Consejo de la Mesta* que recibió inmediatamente y que refleja la consideración y la estima de que gozaban los hombres que lo componían. Pero estas simpatías no iban a ser suficientes para contrarrestar el malestar que su propósito de hacer recaer las responsabilidades políticas en civiles, y no en militares, iba a provocar en determinados círculos castrenses. Las tensiones en este sentido comenzaron a raíz de la dimisión del ministro de la Guerra, conde de Mirasol, y su sustitución por Francisco Lersundi, un joven militar, más bajo en el escalafón que los generales consagrados. Uno de los que mostró su descontento fue el general Leopoldo O'Donnell, quien dimitió como director de Infantería. Narváez y su círculo político, en el que se encontraban Pidal y Sartorius, también se le pusieron enfrente, y para evitar dificultades en unas Cortes en la que había elementos dispuestos a entorpecer sus proyectos, pidió a la reina su disolución el 30 de julio, con lo que Bravo Murillo adoptó la práctica de gobernar por decreto. Eso le valió la fama de absolutista y antiparlamentario y le granjeó la oposición de una clase política que utilizaba la tribuna del Congreso o del Senado como plataforma para su lucimiento personal, para la consecución de sus fines o para sus luchas bizantinas.

Ese sentido de reforzar el poder ejecutivo mediante una reforma política tuvo el proyecto constitucional que quiso poner en marcha en 1852. Para esta iniciativa contó con el aliento que le proporcionaba el golpe de Estado que había dado en Francia, el 2 de diciembre de 1851, Luis Napoleón, lo cual significaba un giro a la derecha en la política del país vecino. Las reformas fueron expuestas muy sumariamente en la *Gaceta*, e incluían una nueva Constitución y una serie de leyes orgánicas sobre las dos cámaras, sobre las

Retrato de Napoleón III cuya política interior influyó en la del gobierno español.

elecciones, sobre la seguridad y el orden y sobre el reforzamiento del poder de la Corona.

Las más significativas eran aquellas que se referían a la Constitución y que la convertían en un mero instrumento para el funcionamiento de los mecanismos del Estado, sin apenas declaración de principios o de doctrina política. También tenía gran importancia la reforma del Senado, compuesto por miembros natos, vitalicios y hereditarios, con lo que la Cámara Alta pasaría a convertirse en un reducto de los elementos más reaccionarios cuyo protagonismo político estaría asegurado permanentemente. Según la proyectada reforma, la reunión de los cuerpos legisladores debería hacerse a puerta cerrada, con lo que Bravo Murillo pretendía acabar con esas largas discusiones parlamentarias, en las que la forma y la retórica tenían más importancia que el fondo de los temas que allí se trataban.

Los proyectos constitucionales de Bravo Murillo merecieron una crítica

Caricatura publicada en el diario *L'Illustration* titulada *Despedida de un diputado.* (Biblioteca Nacional, Madrid.)

negativa por parte de sus contemporáneos, así como por la historiografía posterior. Fue calificado de reaccionario, y fueron precisamente los moderados quienes levantaron las protestas más airadas. El marqués de Pidal lo calificó de «anulación completa del régimen representativo» y, efectivamente, lo que la proyectada reforma significaba era un deslizamiento hacia la derecha mediante un reforzamiento del poder ejecutivo y una limitación de las libertades parlamentarias con una reducción de su poder para controlar las acciones del gobierno.

Su labor para mejorar la situación del erario público fue, desde luego, mucho más positiva que la frustrada reforma política. Bravo había ya ocupado la cartera de Hacienda en 1849 y había propuesto una serie de medidas para acabar con la deuda interior que, según Artola, ascendía a 1.913 millones, y con la exterior, que se elevaba a la cantidad de 1.944 millones. Contrató con el Banco de San Fernando la recaudación de los impuestos, suprimió empleos inútiles, cuyas retribuciones constituían una pesada carga en los presupuestos del Estado, y suprimió las intendencias provinciales. Cuando fue nombrado jefe del gabinete conservó la cartera de Hacienda para llevar a cabo estas medidas, además de la dirección de la política general.

En las reformas administrativas fue también donde Bravo Murillo consiguió sus logros más señalados. Uno de los problemas más graves que tenía planteada la Administración, y que, además, tenía importantes repercusiones sociales, era el de la remoción de los funcionarios en cada cambio de situación política. Es decir, que cuando se producía un relevo en el partido gobernante, cambiaban todos los funcionarios, quedando en situación de cesantes todos los que habían ocupado sus puestos de trabajo hasta entonces. La figura del cesante es una de las más características de la sociedad española del siglo XIX, cuyos perfiles han sido trazados con frecuencia por novelistas como Galdós o *Clarín*. Estos cesantes constituían un caldo de cultivo para cualquier intentona revolucionaria, pues les interesaba un nuevo cambio de situación para volver a ocupar los puestos de los que habían sido desplazados.

Dentro de los planes de Bravo Murillo estaba el de lograr una completa separación entre la Administración y la política, de tal manera que los cargos públicos fuesen cubiertos por oposición mediante un procedimiento establecido de antemano y en el que no entrarían a jugar las opiniones políticas. De igual forma, es decir, atendiendo rigurosamente el orden de méritos, se efectuarían los ascensos en el escalafón. Su intención no dejaba de estar cargada de ingenuidad, pues era impensable conseguir en aquellos momentos, en los que el juego de influencias, los favoritismos y los «enchufes» estaban a la orden del día, una exquisita pureza e imparcialidad a la hora de cubrir los codiciados puestos en la Administración. Sin embargo, Bravo Murillo publicó un decreto el 18 de junio de 1852, mediante el cual se dictaban unas normas para el ingreso en el funcionariado. El decreto quedaría sin efecto a los pocos meses, a causa precisamente de la circunstancia que originaba el problema que había que resolver: el cambio del gobierno.

En el haber de Bravo Murillo hay que incluir la firma del concordato con la Santa Sede, aunque él mismo reconoció que el mérito principal de la firma del acuerdo correspondía a los gobiernos anteriores. No obstante, por su trascendencia posterior, al normalizar las relaciones Madrid-Roma, y por las importantes concesiones que se hicieron a la Iglesia en el orden político, el 17 de octubre de 1851 merece ser consignado con el conjunto de los logros de este gobierno.

La obra de Bravo Murillo ha sido desigualmente valorada, pero, en general, todos los historiadores reconocen sus esfuerzos por dotar al país de una maquinaria burocrática moderna, ágil y eficaz, y por acabar con las lacras de la hiperactividad parlamentaria que obstaculizaban la acción del gobierno, así como su decidida actitud de apartar a los militares de la política. Sin embargo, no pudo imponerse al clima imperante en la época. Como afirmó más tarde Donoso Cortés, su fallo fue el de no hacerse con un general que respaldase sus reformas y no haber buscado el apoyo del verdadero pueblo. Y sin el apoyo del pueblo, con la marginación de los militares y con la inquina de la mayor parte de los políticos, tanto los progresistas como muchos moderados que no estaban de acuerdo con sus reformas políticas, Bravo Murillo se quedó solo. Todos hicieron pública su oposición al gobierno, coordinados por la reina madre María Cristina, la cual convenció a su hija para que le obligase a firmar la dimisión.

Retrato del político y jurisconsulto Juan Bravo Murillo, que fue ministro de Hacienda y jefe del gobierno. (Ministerio de Hacienda, Madrid.)

El 13 de diciembre de 1852 fue presentada y dos días más tarde la reina nombraba nuevo gobierno.

El fracaso de las reformas de Bravo Murillo dejó al régimen sin ninguna perspectiva. Los moderados continuaron disfrutando del poder, pero su política volvió a discurrir por los cauces ya tradicionales de la falta de rumbo y de la carencia de otros objetivos que no fuesen los de perpetuarse en el gobierno.

La confianza de la reina recayó esta vez sobre Federico Roncali, quien formó gobierno con personas procedentes de las distintas facciones del partido moderado, entre los que se incluían tres generales. Pero esta concesión no contentó ni a Narváez ni a O'Donnell, quienes en esos momentos representaban al auténtico poder militar y veían en el nuevo gobierno una continuación del anterior, desde el momento en que llevó a cabo el intento de hacer aprobar su reforma política en las Cortes. La oposición que encontró en el organismo legislativo le obligó a presentar la dimisión, y el

Las reformas hacendísticas del gobierno moderado no lograron establecer un sistema de rentas equitativo. Escena de trabajos agrícolas del siglo XIX.

14 de abril se formó nuevo gobierno presidido por otro militar, Francisco Lersundi. Pero este nuevo gabinete permaneció también en el deseo de agradar a todos, sin contentar a nadie en realidad. El partido moderado se hallaba roto y en él comenzaban a destacar con gran empuje algunos jóvenes que entonces iniciaban su carrera política, como el marqués de la Vega de Armijo y Antonio Cánovas del Castillo, los cuales maniobraron con eficacia en contra de esos gobiernos sin consistencia.

El gobierno de Lersundi no duró mucho tiempo, y el 18 de septiembre fue sustituido por otro encabezado por Luis José Sartorius, conde de San Luis. No era éste un hombre de grandes principios, pero sí tenía un cierto sentido práctico de la política, y en este orden se le ha llegado a comparar con Bravo Murillo. Cuando ocupó el Ministerio de la Gobernación, en 1849, creó el sello de correos, para regularizar y agilizar la correspondencia en toda España. Ahora, desde la presidencia del Consejo, intentó hacer aprobar muchos proyectos de leyes en las Cortes, entre los que se encontraban algunos que habían sido preparados por Bravo Murillo, como el de la ley de ferrocarriles. Pero a Sartorius no se le perdonaba su rápido encumbramiento, su reciente ennoblecimiento, ni esa fama de cierta inmoralidad y falta de ética política de las que le acusaban sus enemigos.

El conde de San Luis suprimió la prensa de oposición y ordenó el confinamiento de varios generales, entre ellos Dulce, Ros de Olano y O'Donnell. Esas medidas no sólo no acallaron las críticas, sino que las recrudecieron. Apareció una prensa clandestina que circuló profusamente a pesar de la prohibición, y los generales se escondieron en Madrid para no cumplir las órdenes de confinamiento. Todos se preparaban para dar un golpe de fuerza. Durante los primeros meses de 1854 la oposición al gobierno era un hervidero en el que progresistas, puritanos, seguidores de Narváez, militares despechados..., conspiraban para derribar al gobierno de Sartorius.

El 28 de junio de 1854 estallaría la revolución, cuyo triunfo cerraría la primera etapa del reinado de Isabel II. Así concluía la Década Moderada, un largo período del predominio del liberalismo conservador, en el que a pesar de todos los cambios prevalece la homogeneidad de sus trazos políticos fundamentales y en el que se pueden encontrar rasgos positivos. J. L. Comellas, en su estudio sobre el período, afirma que no todo fueron ilegalidades políticas e irregularidades administrativas, sino que los moderados realizaron también una importante labor, haciendo aprobar una gran cantidad de leyes «como no se había hecho en España desde los tiempos de las Cortes de Cádiz», y realizando una serie de reformas que convirtieron a los moderados en «los auténticos fundadores del Estado español contemporáneo».

LAS REFORMAS ECONÓMICAS E INDUSTRIALES

Al comenzar el reinado de Isabel II, la situación financiera y hacendística del país era auténticamente caótica. Hasta 1845 estuvieron vigentes los impuestos del Antiguo Régimen, como la alcabala, la sisa y los diezmos. En general, el sistema impositivo hasta entonces en vigor había ido basándose en los tributos indirectos más que en los directos, que eran prácticamente inexistentes. Los españoles pagaban a la Hacienda más por los bienes que movían que por las riquezas que poseían, y eso era así porque la Administración del Estado era muy precaria y totalmente incapaz de controlar lo que cada español tenía en propiedad para hacerle pagar proporcionalmente. Para llevar a cabo una política fiscal rigurosa en ese sentido, lo primero que había que hacer era una evaluación de la riqueza existente en España. Éste y no otro fue el propósito del catastro impulsado por el marqués de la Ensenada a mediados del siglo XVIII, cuyo resultado fue muy positivo para los historiadores, que pudieron disponer desde entonces de una ingente documentación sobre la situación del país en aquellos años, pero nula para el Estado, ya que nunca llegó a utilizarse la información recabada para reformar el sistema de impuestos. Las Cortes de Cádiz también intentaron implantar un sistema de impuestos directos, pero el proyecto se frustró por utópico y por prematuro.

La situación del erario público se fue deteriorando de tal manera desde comienzos del siglo XIX, como consecuencia de los acontecimientos catastróficos acaecidos entonces, que la situación llegó a hacerse desesperada. Los gastos aumentaron considerablemente, mientras que los ingresos quedaron estancados o, incluso, disminuyeron al cegarse algunas de sus importantes fuentes, como las que producían los tráficos mercantiles monopolizadas con el mercado de las colonias de América.

En el curso de todos estos años se arbitraron algunas medidas importantes para paliar el acuciante problema. Tal fue el propósito de las medidas desamortizadoras que se aplicaron sucesivamente desde el reinado de Carlos III y que tuvieron su mayor alcance con las leyes que promulgó Mendizábal en 1835 y 1836. Ya se ha señalado con anterioridad que la principal finalidad de estas medidas era la financiera para el Estado, que quiso salir de apuros con la venta de esta masa de bienes que había permanecido inamovible durante siglos en manos de la Iglesia. Pero aquello, con ser una solución transitoria, pues los recursos obtenidos como consecuencia de la operación eran a todas luces insuficientes, produjo unos ingresos más cortos de los esperados. De manera que la situación del Tesoro cuando los moderados llegaron al poder no podía ser más precaria. Sólo en el año 1843 se había previsto en los presupuestos un déficit de más de

Óleo de Antonio María Esquivel con un retrato del político y economista Alejandro Mon, que fue ministro de Hacienda en varias ocasiones. (Ministerio de Hacienda, Madrid.)

La reforma fiscal supuso un único impuesto llamado «de consumos». Vista de la fábrica textil La Industrial Mahonesa (Menorca).

trescientos millones, que al terminar el ejercicio resultó sensiblemente mayor, ya que los gastos fueron aquel año, como consecuencia de los acontecimientos ocurridos en el país, superiores a los esperados.

Alejandro Mon, ministro de Hacienda en el gobierno de Narváez, sería quien abordase el fondo del problema al llevar a cabo una profunda reforma fiscal. En un principio había pensado en el recurso más socorrido, como era el de la suspensión de pagos; pero eso implicaba a la larga una carga que no estaba dispuesto a asumir, como era el de desprestigiar al gobierno y cerrar la puerta a futuros créditos. Así es que se decidió por la reforma. Previamente tomó algunas medidas de saneamiento, entre las que incluyó el desarriendo de la renta del tabaco, una de las principales fuentes de ingreso del Estado y que había sido adjudicada a particulares durante el gobierno de González Bravo. Además, consolidó la deuda, con el objeto de aliviar la presión que los acreedores ejercían sobre el Estado y les obligó a aceptar títulos al 3 %.

Los detalles técnicos de la reforma corrieron a cargo de Ramón de Santillán, quien basó su trabajo en la unidad y la sencillez. Creó un solo impuesto sobre la propiedad territorial y estableció otra contribución directa, llamada «subsidio sobre los productos de la riqueza mueble»; una para las rentas, que llamó «derechos de inquilinato», y otra sobre las transmisiones de propiedad, que llamó «derechos de hipoteca».

En cuanto a los impuestos indirectos, también fueron objeto de una considerable simplificación, pues se suprimieron la enorme cantidad de tributos sobre las compraventas que habían ido superponiéndose a lo largo de los siglos, y se estableció una única contribución llamada «de consumos». Las rentas estancadas no sufrieron ninguna modificación y continuaron como antes.

La contribución territorial directa pasaba a constituir el capítulo más importante de los ingresos de la Hacienda, aproximadamente un cuarto del total. La forma de cobro era asignar una cantidad a recaudar a cada provincia, según estimaciones previas aproximadas a sus posibilidades reales, y dentro de cada provincia se repartiría también, de forma similar, un cupo entre los municipios.

La reforma fue tremendamente impopular y levantó muchas protestas, porque afectaba al bolsillo de los contribuyentes. A pesar de no ser el más importante, el impuesto de los consumos se convirtió en el más contestado y fue la bandera que enarboló la oposición progresista en cada intentona revolucionaria que emprendía para alcanzar el poder. Por otra parte, al establecer el sistema de arriendo para el cobro de estos impuestos a escala local, el procedimiento se convirtió en un medio de presión sobre el electorado. Sin embargo, a pesar de las críticas y aun reconociendo sus deficiencias,

El sistema hacendístico español puso en circulación la peseta como moneda patrón. Imagen de la nueva Casa de la Moneda en Madrid.

la reforma hacendística de 1845 representó un progreso considerable.

Proporcionalmente, el global de las nuevas contribuciones fue desorbitado. Es decir, se estableció un sistema para una recaudación cuantiosa en un país pobre, aunque esto no fue ninguna innovación por parte de los moderados. Por otro lado, los recursos del Estado comenzaron a crecer y sustituyeron en gran parte a una escasa y débil iniciativa particular, proporcionando oportunidades a los acreedores y trabajo a una legión de empleados y funcionarios. Gracias a sus nuevas disponibilidades, la Administración pudo multiplicar su actividad y lanzarse a nuevas empresas. Otras realizaciones logradas en los años de la Década Moderada no hubiesen podido llevarse a cabo sin esta operación previa, que comenzó a proporcionar recursos suficientes para su materialización. En los cien años siguientes a la promulgación de la reforma, cambió en España absolutamente todo y lo único que se mantuvo, con escasas modificaciones, fue el nuevo sistema tributario. Sin duda, ésa era la mejor prueba de su eficacia y de su oportunidad.

Similar proceso de simplificación sufrió el sistema monetario español durante este primer período del reinado de Isabel II. Las reformas monetarias durante el Antiguo Régimen no habían sido excesivamente frecuentes y, básicamente, desde las modificaciones introducidas por los Reyes Católicos, el sistema había resistido razonablemente bien durante siglos. Sin embargo, la Guerra de la Independencia comenzó a provocar una gran confusión en la circulación monetaria. Hubo un momento en el que en España coexistían cuatro tipos de monedas de distinta procedencia: las españolas, las portuguesas, las inglesas y las francesas, y eso sin contar las que hizo acuñar José Bonaparte en la zona ocupada. La moneda española, de mejor ley, o era atesorada o salía de los circuitos peninsulares, de tal manera que los napoleones franceses se convirtieron en la moneda corriente, incluso

Entierro del financiero Evaristo Arnús, fundador de su propio banco durante la época de Isabel II.

después de finalizada la guerra. Todavía en tiempos de Isabel II circulaban estas monedas, ya que la emancipación de las colonias españolas de América impuso una restricción en la circulación dineraria por falta de metal acuñable.

En 1848 se emprendieron medidas de reforma con el objeto de nacionalizar la circulación monetaria e impedir la exportación de la moneda de mejor ley. En realidad, las medidas consistían en una devaluación monetaria. Después de esta reforma, la moneda patrón pasó a ser la peseta, aunque oficialmente esa consideración no la alcanzaría hasta la nueva reforma que llevó a cabo Laureano Figuerola, en octubre de 1868. De cualquier manera, estas medidas contribuyeron a estabilizar la vida económica en general, y fueron completadas con otras disposiciones que se dictaron en los años sucesivos.

Afectado por estas medidas, el mundo de las finanzas alcanzó un desarrollo capital. El Banco de San Fernando, creado por López Ballesteros en 1829 a partir del de San Carlos, se convirtió en el banco del gobierno en 1845. Un año antes había sido creado el Banco de Isabel II por iniciativa de José de Salamanca y del conde de Santa Olalla, con el privilegio de emisión de billetes, siempre que la cantidad de éstos no excediese del duplo de las reservas. El auge de estas entidades era la expresión de esa fase de prosperidad y de expansión económica con que se inició el reinado de Isabel II y que convirtió el año de 1846 en el año del verdadero auge en la historia económica del siglo, y especialmente en el campo de las finanzas.

La Bolsa también experimentó una reactivación sorprendente después de la languideciente trayectoria que había venido arrastrando desde su creación en 1831. A los españoles que podían hacerlo les entró la fiebre de la inversión en Bolsa, a lo que contribuyó el clima de confianza y de mayor estabilidad política que se vivía por aquellos años. El alza de las cotizaciones propiciaba espléndidos negocios a los inversores, que demostraban así una inquebrantable fe en el futuro y en el progresivo desarrollo de la sociedad.

Sin embargo, a partir de 1847 se quebró esta etapa y comenzó una extraña crisis, cuyos orígenes hay que buscarlos fuera de España. También en los otros países europeos se abusó del crédito y se vivió a expensas del futuro, que se auguraba próspero. Pero esas expectativas no se hicieron realidad del todo. Falló la confianza y se produjo la depresión y la crisis. La situación de las entidades financieras se vio comprometida y la Bolsa, agitada por el pánico, tuvo que cerrar. Para afrontar la crisis, los dos bancos, el de San Fernando y el de Isabel II, tuvieron que fusionarse el 25 de febrero de 1847, con lo que se pondrían las bases para la creación del futuro Banco de España en 1856.

LA INDUSTRIALIZACIÓN

El título de la obra de Nicolás Sánchez Albornoz, *España hace un siglo: una economía dual* (Barcelona, 1968), se ha hecho ya clásico para definir la doble estructura económica existente en España durante los dos primeros tercios del siglo XIX. Por una parte, la economía tradicional, basada fundamentalmente en la agricultura y que apenas sufre transformaciones desde el Antiguo Régimen. Por otra, los tímidos brotes de modernización que se van produciendo con los inicios de la industrialización y que da lugar a un cierto desarrollo económico sobre unas bases más dinámicas.

El desarrollo de la industria en España se realiza básicamente a través de dos sectores: el siderúrgico y el textil. La siderurgia moderna nace en Andalucía, aunque pueda resultar paradójico, ya que ésta ha sido siempre una región eminentemente agrícola. Manuel Heredia creó en Marbella, en 1832, el primer alto horno que existió en España. Poco después surgieron otros en El Pedroso, en la provincia de Sevilla, y en Huelva. Eran hornos que se alimentaban de carbón vegetal y que pudieron mantener su rentabilidad a costa de dejar esquilmados los bosques existentes en su entorno. Su fracaso se produjo, como ha estudiado Jordi Nadal, cuando se hizo necesario recurrir al carbón mineral que había que transportar desde los centros mineros asturianos. Esta circunstancia encareció el producto final y lo hizo poco competitivo. Mientras que la tonelada de hierro colado salía en Málaga en 1855 por 622 reales, en Asturias valía sólo 348. Así pues, la industria siderúrgica fue desplazándose hacia el Norte y se creó un alto horno en Mieres en 1848 e inmediatamente otros en Vizcaya, que pudieron utilizar con un coste mucho más reducido el carbón de los yacimientos de Asturias. En 1848 se producían en España 43.000 toneladas de hierro, cantidad que fue incrementándose en los años sucesivos a raíz del aumento de las necesidades de las industrias ferroviaria y textil.

Según Tuñón de Lara, el hecho decisivo de la época en el plano económico fue la transformación del equipo industrial de la producción textil catalana. Según las cifras que nos proporciona este autor, en 1841 había en Cataluña 11.032 máquinas de hilatura, 1.206.378 husos y 3.221 telares. El capital invertido era de 428 millones de reales y trabajaban en esta industria 97.346 obreros. En 1847 había ya 4.583 talleres en Cataluña con 27.204 telares y 1.298.391 husos, con un capital invertido de 600 millones de reales y 97.786 obreros.

Moneda de 1860 de veinte reales de Castilla, en la que se lee la leyenda: «Isabel II por la gracia de Dios y la Constitución».

A partir de 1844, los industriales importantes comenzaron a importar maquinaria que utilizaba como fuerza motriz el vapor (las *selfactinas*) lo cual hizo temer por el despido de los obreros. Sin embargo, el hecho de que su número permaneciese estable en 1847 y que en 1860 se elevase a la cifra de 125.000, indicaba claramente un aumento en extensión de la producción. En 1850 había ya en Cataluña 37.301 telares, con una inversión que superaba los diez millones en ese año y los 17 al año siguiente, proceso del que salió definitivamente constituida la industria textil catalana.

Este equipamiento industrial se vio facilitado por las medidas flexibilizadoras del comercio exterior que fueron adoptadas durante la regencia del general Espartero, que sin romper el proteccionismo como norma que regía las relaciones económicas con otros países, permitieron una mayor fluidez en la importación de algunos productos, como este tipo de maquinaria. Por otra parte, la creciente producción textil catalana fue haciéndose con la demanda existente en todo el país, sin tener que competir con el escandaloso contrabando que se introducía impunemente por las fronteras y costas españolas hasta comienzos de la década de los cuarenta. La importante reducción de este contrabando se debió precisamente a esta flexibilización de la política comercial española, pero también a las medidas que se tomaron para reforzar la vigilancia y dotar convenientemente a las fuerzas encargadas de reprimir este fraude tan generalizado. Lo cierto es que sin la ilegal competencia de los productos textiles procedentes de Gran Bretaña o de Francia, la producción catalana se vio estimulada al amparo de la demanda interior.

El ferrocarril

En cuanto al sector ferroviario, sus primeros pasos comenzaron a darse durante la Década Moderada. Hubo iniciativas muy tempranas para construir ferrocarriles en España. Ya en tiempos de Fernando VII se estudiaron algunos proyectos, como el que iba desde El Portil, en Jerez de la Frontera, hasta El Puerto de Santa María, en Cádiz, y que tenía por objeto el transporte del vino hasta el puerto en el que debía ser embarcado para su distribución. Su fracaso parece haberse debido más a la falta de apoyo por parte del gobierno, que a la falta de inversores privados, ya que los beneficios que se hubiesen derivado de unir puertos y viñedos en Andalucía occidental eran tan evidentes que no hubiese sido difícil su financiación.

Para Gabriel Tortella, la falta de capital y la falta de conocimientos técnicos eran aspectos del atraso económico general que padecía el país y que indudablemente retardaron el progreso de la red ferroviaria, aunque a su juicio no fueron decisivos porque eran elementos que podían importarse. Lo que ocurría era que el capital extranjero desconfiaba de la seriedad de los distintos gobiernos españoles que con tanta frecuencia habían optado por negarse a pagar la deuda pública, y, por otra parte, por lo que respecta a los conocimientos técnicos, se trataba de una cuestión que dependía en gran parte de la iniciativa del gobierno.

En consecuencia, todo parece indicar que fue la política del gobierno lo que obstaculizó la expansión ferroviaria en España durante la primera mitad del siglo XIX. Sin duda, el cierre de la Escuela de Ingenieros de Caminos y Canales durante el reinado del Fernando VII fue un inconveniente de primer orden en la formación de técnicos preparados para poner en marcha la mecanización de los transportes, aunque también hay que tener en cuenta que la guerra carlista constituyó un obstáculo insalvable para la materialización de algunos proyectos existentes. En 1844 se creó una comisión para asesorar al gobierno en esta cuestión, y su decisión más importante consistió en el establecimiento del ancho de las vías, mayor para el de la red existente en Europa.

Se ha dicho que esta decisión trataba de evitar una posible invasión francesa, pero en realidad respondía a la estimación por parte de los miembros de la comisión de que era necesario un ancho de vías mayor por causa de la dificultosa orografía peninsular, bien diferente del plano espacio centroeuropeo y del territorio francés. Rusia, Portugal y otros países adoptaron el mismo ancho ferroviario.

La primera línea de ferrocarril que se puso en funcionamiento en España fue la de Barcelona-Mataró, en 1848, con una longitud de 28 kilómetros. Su construcción se había emprendido por una sociedad local, la Gran Compañía Española del Camino de Hierro de Barcelona a Mataró y viceversa, bajo la protección de la reina madre María Cristina, y en la que predominaba capital español. La parte técnica, sin embargo, estuvo en manos extranjeras, fundamentalmente británicas, ya que tanto los ingenieros como el material empleado procedían de Inglaterra. Las operaciones comerciales y financieras estaban también a cargo de una firma británica: la Mackenzie & Brassey, que tenía asimismo participación en el ferrocarril.

La línea Barcelona-Mataró fue muy rentable en sus inicios y su éxito se

Imagen del primer tren que circuló en España: la línea que unía Barcelona y Mataró, inaugurada el día 28 de octubre de 1848, en una litografía de F. Gavaldá. (Instituto Municipal de Historia, Barcelona.)

Grabado publicado en la *L'Illustration. Periódico Universal*, del año 1851, en el que se representa la inauguración del ferrocarril de Madrid a Aranjuez. (Biblioteca Nacional, Madrid.)

debió más al transporte de pasajeros que al de mercancías, al menos en sus primeros años. En este sentido, su gran acogida se debió a que su trazado enlazaba varios pueblos de la costa barcelonesa, con lo que, según Tortella, la mayor parte de su negocio debió de hacerlo en domingos y días festivos.

En abril de 1845 se había otorgado la concesión del ferrocarril Madrid-Aranjuez, de unos 50 kilómetros de recorrido. Al año siguiente comenzaron las obras, pero hubieron de interrumpirse a causa de la crisis financiera y a deficiencias en la dirección, así como a dificultades de tipo político. Su principal promotor fue José de Salamanca, quien, después de haber sido ministro, tuvo que exiliarse tras la crisis de 1847, con lo que las obras del ferrocarril quedaron interrumpidas. Por fin, en 1849, las obras recibieron el impulso del gobierno y la línea pudo inaugurarse solemnemente en 1851.

La tercera línea ferroviaria que se puso en funcionamiento fue la que hacía el recorrido entre Sama de Langreo y Gijón, de 40 kilómetros. Su concesión data también de 1845, aunque su construcción no se inició hasta 1850, y su entrada en servicio no se produjo hasta 1855. Su finalidad era la de transportar carbón desde la cuenca minera asturiana hasta el mar, donde era embarcado para su destino final.

El ritmo de construcción del ferrocarril fue muy lento en estos primeros años, de tal manera que hasta 1855 sólo se habían tendido 475 kilómetros de vía. En los años posteriores las obras tomaron un impulso considerable y en 1868 se habían puesto ya en explotación otros 4.899 kilómetros. De todas formas no hubo una planificación para ordenar y sistematizar las construcciones desde un principio. La construcción y la explotación del ferrocarril se dejaron a la iniciativa privada y sólo se preservó el principio jurídico de que los caminos de hierro pertenecían al Estado en virtud del dominio del suelo, por lo cual las compañías venían a ser sólo usufructuarias hasta tanto durasen las concesiones. Hasta la ley de ferrocarriles, aprobada en 1855, la normativa sobre esta cuestión fue confusa y, a veces, contradictoria, pero a partir de esa fecha se establecieron unos criterios que permitieron su crecimiento en los años siguientes. Así pues, si el primer período de construcción ferroviaria intensa estuvo en la década 1856-1865: fue durante la Década Moderada cuando los primeros ferrocarriles comenzaron a circular por España.

LA ENSEÑANZA Y LAS CORRIENTES IDEOLÓGICAS

Como muy bien señala Raymond Carr, la convicción de los moderados de que el orden era la consecuencia de una centralización uniforme y de un riguroso control por parte del gobierno, en nada se evidenció más claramente que en el sistema educativo.

Ya durante la regencia de María Cristina se había prestado especial atención a la renovación de la enseñanza primaria, mediante la creación en Madrid de la Escuela Normal Central de Maestros. Pero fue en 1845 cuando el ministro Pedro José Pidal, con el concurso del que posteriormente sería nombrado director general de Instrucción Pública, Antonio Gil de Zárate, acometió una ambiciosa reforma de la enseñanza, basada en el criterio de la rígida centralización. La reforma fue promulgada mediante el Real Decreto de 17 de septiembre, y en él se limitaba la libertad de enseñanza, que quedaba condicionada por las exigencias del bien público. La enseñanza primaria apenas sufría modificaciones por el que se llamó «Plan Pidal», pero en lo que respecta a la segunda enseñanza, se organizaban unos centros docentes específicos, que eran los institutos, cuyo control en algunos casos pasaba a depender de las universidades y en otros de las autoridades provinciales.

Retrato de Pedro José Pidal, responsable de la reforma de la enseñanza y de los estudios universitarios. (Ministerio de Educación y Cultura, Madrid.)

En ellos se impartían tres niveles diferentes: el que capacitaba para la realización de estudios universitarios; el que se dedicaba a todos los cursos elementales y aquel en el que sólo se exigía una parte de estos cursos.

Las más importantes medidas de esta reforma se referían al ámbito universitario. Sus estudios pasaban a ser monopolio del Estado y se reconocía la existencia de diez universidades oficiales: Salamanca, Santiago, Burgos, Zaragoza, Barcelona, Valencia, Granada, Sevilla, Canarias y Madrid. Se suprimían las facultades de Teología, cuyos estudios podrían cursarse en los seminarios conciliares, y se creaban las facultades de Filosofía, en las que se incluían los estudios de Ciencias. Sólo la Universidad de Madrid estaba habilitada para conferir el título de doctor, y el espíritu centralizador quedaba tan patente que se disponía que en todas ellas debería realizarse el acto de comienzo del curso el día 1 de octubre, a la misma hora y según el mismo protocolo.

El sistema de selección del profesorado quedó establecido mediante

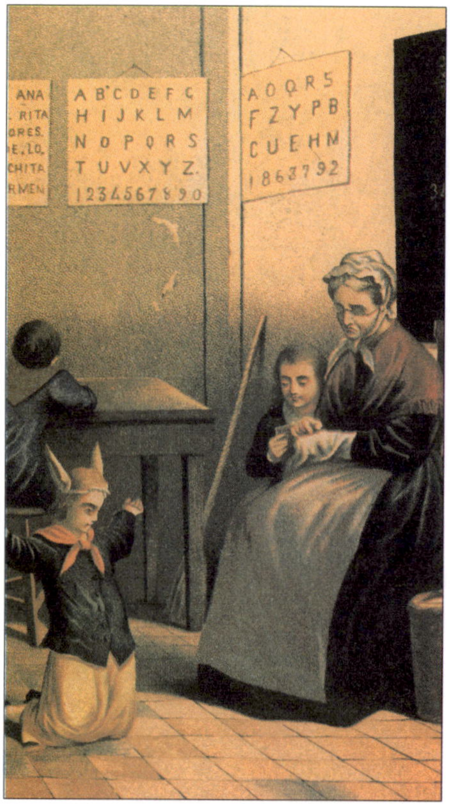

La Ley de Instrucción Pública aumentó el número de maestros de primera enseñanza. Litografía titulada *La escuela.*

las oposiciones, y se estableció el escalafón del cuerpo docente, encabezado por los catedráticos, cuyo número ascendía a trescientos en toda España, y con los que colaboraban los profesores auxiliares, muy numerosos y muy mal retribuidos.

Se creaban también en las universidades las escuelas especiales, destinadas unas a impartir enseñanzas técnicas superiores (ingenieros de caminos, de minas, arquitectura) y otras a impartir estudios medios, como bellas artes y comercio.

Estas reformas se completaron con la Ley de Instrucción Pública que promulgó en 1857 el ministro de Fomento, Claudio Moyano. Quedaron entonces trazadas las líneas fundamentales de la instrucción pública para más de una centuria. En lo que se refiere a la enseñanza universitaria, esta ley establecía la división de los estudios en cinco facultades: Filosofía, Ciencias, Medicina, Derecho y Farmacia. En la enseñanza secundaria se establecía también el cuerpo de catedráticos de instituto, cuya selección se haría igualmente por el sistema de oposición. La dedicación y la competencia de este profesorado no corrían parejas a su escasa retribución y a la consideración social de que eran objeto.

El número de maestros de primera enseñanza creció a partir del establecimiento de la Escuela Normal en Madrid y en otras universidades. Sin embargo, su número era insuficiente para atender a una población cuyo índice de escolarización era muy bajo (1 por cada 19 habitantes).

Las importantes reformas educativas de esta época fueron contestadas por los liberales radicales y por los ultraconservadores. Para los primeros, el sistema de enseñanza que se creaba bajo el rígido control del Estado limitaba la libertad de pensamiento, mientras que para los segundos, significaba la secularización en un país que era esencialmente católico. La polémica desembocó en la llamada «cuestión universitaria», en la que participaron, por una parte, los krausistas, encabezados por Sanz del Río, y por otra, los neotomistas, entre los que había que contar a Aparisi Guijarro y Navarro Villoslada.

El krausismo

Los krausistas seguían una doctrina introducida en España en los primeros años del reinado de Isabel II y procedente de Alemania. Un joven profesor de la universidad madrileña, Julián Sanz del Río, fue becado por el ministro de la Gobernación durante la regencia de Espartero para que entrase en contacto con las principales escuelas del conocimiento en Alemania y volviese a España para explicar las enseñanzas adquiridas. Se trataba de romper con el monopolio que en el terreno intelectual y educativo habían alcanzado los moderados, al ocupar las más importantes cátedras y la dirección de los centros culturales más relevantes, como el Ateneo de Madrid. Sanz del Río fue captado en Alemania por las enseñanzas del filósofo Carlos Federico Krause, cuyas ideas comenzó a difundir a su vuelta, mediante una serie de conferencias que pronunció en la Universidad Central.

La filosofía de Krause se basaba más en los valores éticos que en los principios teóricos. Trataba de lograr la realización del yo mediante la autodeterminación de la voluntad, como la única fuente de moralidad. La autorrealización moral del individuo implica la autonomía de la voluntad, cosa que estaba en contradicción con una concepción dogmática de las relaciones del hombre con Dios que se impone a través de los mandamientos. La doctrina krausista no niega a Dios, aunque concibe un deísmo casi panteísta, pero no se muestra de acuerdo con las religiones positivas. De todas formas, sus planteamientos eran algo confusos y sus principios difíciles de captar.

A pesar de ello, el krausismo tuvo buena acogida en España entre un grupo de intelectuales que se aplicó a la tarea de infundir un nuevo espíritu a la vida española, para despojarla de sus vicios endémicos, como los dogmatismos intransigentes, o el apego paralizante a las tradiciones seculares. Su propósito era el de contribuir a la humanización del país en el sentido del ideal de la humanidad de Krause, y así, junto al descontento que cundía en algunos sectores del progresismo por el desengaño de las viejas teorías, contribuyó a la creación del nuevo partido demócrata, que aportó a la política española unas nuevas ideas y un nuevo estilo. Pero donde más eficacia tuvo la labor de los krausistas fue en el terreno educativo, gracias, sobre todo, a la personalidad de uno de los más destacados discípulos de Sanz del Río, Francisco Giner de los Ríos, quien a través de la Institución Libre de Enseñanza (ILE), que creó en 1876, trató de llevar a la práctica las teorías de su maestro, renovando los métodos de enseñanza vigentes hasta entonces.

Las reformas de Claudio Moyano permanecieron vigentes durante el resto del siglo XIX. Imagen del «banco de los castigados» de una escuela.

Frente a la difusión de la doctrina krausista, el catolicismo tradicional trataba de adaptarse a la nueva realidad social y política de su tiempo. Sus figuras más representativas fueron Donoso Cortés y Jaime Balmes. Del primero se ha hecho ya referencia en el apartado correspondiente al doctrinarismo político, aunque hay que recordar que su pensamiento fue derivando con el tiempo hacia una actitud más intransigente, que le llevó a exaltar la autoridad y a justificar la dictadura frente al desorden político. En cuanto al sacerdote catalán Jaime Balmes, tuvo una visión más realista de los fenómenos sociales de su tiempo y se esforzó por reanimar con elementos nuevos el tradicional

Retrato del eclesiástico Antonio María Claret y Clará, confesor de Isabel II, que en 1849 fundó la congregación de Misioneros Hijos del Corazón de María o claretianos. (Comunidad Claretiana del Buen Suceso, Madrid.)

pensamiento católico. Por su postura fue objeto de una serie de ataques e incluso de la publicación de libelos difamatorios por parte de los católicos más intransigentes, y esta persecución moral, a juicio de Valera, amargó cruelmente su vida y aceleró su muerte.

En un plano menos intelectual, la recatolización del país fue impulsada por la labor del padre Antonio María Claret, fundador de la orden misionera de los Hijos del Corazón de María. La influencia que sus predicaciones tuvieron por toda España fue considerable, y en 1857 se convirtió en confesor de la reina, sobre la que llegó a ejercer una influencia notable. Aunque no se extralimitó en su labor pastoral, fue objeto de críticas y ataques por parte de los grupos radicales, que lo acusaron de manejar los hilos de la política, valiéndose de su influencia en la corte.

LA IGLESIA Y EL ESTADO

El enfrentamiento dinástico provocado por el testamento de Fernando VII y la guerra civil que dividió a España en dos y cuyo resultado no se vio claro hasta bien entrada la década de 1830, hizo adoptar a la Santa Sede una actitud de espera prudente antes de reconocer a ninguna de las partes que se disputaban el trono.

Una vez terminada la guerra y asegurada en el trono Isabel II, la Santa Sede comenzó a cambiar su actitud de recelo y desconfianza hacia el sistema liberal encabezado por ella. Cuando fue elegido papa Pío IX en 1846, el gobierno español concibió esperanzas de que se reconociese a la reina española y se restableciesen las relaciones diplomáticas que se habían interrumpido a raíz de las medidas desamortizadoras. En efecto, las relaciones se normalizaron en 1848, pero los acontecimientos que se produjeron entonces en Italia impidieron que se arreglasen las cuestiones pendientes que tenían ambos estados. La revolución había obligado a Pío IX a abandonar su sede en el Vaticano y a buscar refugio en la embajada española, que le facilitó el camino hacia Gaeta. En la conferencia que se celebró allí entre Francia y otras potencias, para ponerse de acuerdo sobre la forma de ayudar al papa, no hubo unanimidad de criterio y algunas pusieron en movimiento sus tropas, de tal manera que cuando España quiso intervenir ya no era necesario.

Normalizada la situación política, pudo firmarse el concordato entre el Estado español y la Santa Sede en 1851, para ser ratificado y publicado por las Cortes. Las negociaciones habían sido largas y difíciles, pues se habían comenzado en 1844 con las instrucciones que había cursado el gobierno a Castillo y Ayensa, antiguo secretario y confidente de la reina madre María Cristina, designado para llevar a cabo en Roma los contactos con las autoridades vaticanas. La Sagrada Congregación de Negocios Eclesiásticos Extraordinarios llevó cuidadosamente las discusiones, porque la Santa Sede exigía, antes que nada, la suspensión de las ventas de los bienes que se habían incautado a la Iglesia para llevar a cabo su desamortización, y pretendía obtener la garantía de una decorosa dotación para el mantenimiento del clero.

Por su parte, los gobiernos moderados, en tanto no se sellase la normalización de las relaciones, fueron emitiendo una serie de disposiciones para allanar el camino al arreglo definitivo. Tal sentido tuvo la creación de seminarios en las diócesis en las que no había, o la concesión a los obispos de facultades para vigilar las escuelas públicas y las publicaciones consideradas nocivas.

El texto del concordato constaba de 46 artículos, y en el primero de ellos se reconocía la unidad católica de España, con gran escándalo del progresismo y de la naciente democracia. A continuación se establecía que la instrucción en las universidades, escuelas y seminarios, sería en todo conforme a la religión católica. Se estipulaba la libertad de predicación y actuación de los prelados y los demás ministros de la Iglesia, a los que el gobierno debía prestar su apoyo en su función. Y al mismo tiempo se recogía aquella disposición mediante la cual tendrían derecho a impedir la publicación de libros contrarios a la ortodoxia católica. Se establecía una nueva división de las diócesis, suprimiendo algunas y creando otras, como las de Madrid, Ciudad Real, Vitoria y Ceuta. En otro artículo se reguló el número y la composición de los cabildos y en otro se prescribió a los arzobispos y obispos que establecieran nuevas demarcaciones parroquiales en sus respectivas diócesis.

Imagen del atentado que el cura Martín Merino cometió en 1852 contra la reina Isabel II.

Con respecto a las órdenes religiosas, que constituían uno de los puntos más controvertidos del concordato, se estableció en el artículo 30 que «a fin de que en toda la Península haya el número suficiente de ministros y operarios evangélicos de quienes puedan valerse los prelados [...] el Gobierno de S. M., que se propone mejorar oportunamente los Colegios de Misiones de Ultramar, tomará desde luego las disposiciones convenientes para que se establezca donde sea necesario, oyendo previamente a los prelados diocesanos, casas y congregaciones religiosas de San Vicente de Paúl, San Felipe Neri y otra Orden de las aprobadas por la Santa Sede». Los obispos emplearían la cláusula que permitía el establecimiento de «otra Orden de las aprobadas por la Santa Sede» para permitir otra orden en cada diócesis, con lo cual obviaban todo propósito limitador.

En cuanto a las religiosas, el gobierno español se comprometía en el concordato a fomentar el instituto de las Hermanas de la Caridad y a conservar otras casas de monjas que se dedicasen a la vida contemplativa, dejando a los prelados los criterios de admisión y profesión de novicias en los conventos. Desde el artículo 31 hasta el 35, se fijaba la dotación de todo el clero, cardenales, arzobispos y hasta de los curas párrocos, a quienes se dejaba con menos medios y recursos con que vivir «que al más desvalido jornalero». Se establecieron también las dotaciones del gobierno para la subsistencia de las casas y las congregaciones religiosas. Además, el gobierno se comprometía a devolver a éstas los bienes de su pertenencia que aún no lo habían sido en virtud de una ley promulgada el 3 de abril de 1845 y los que aún quedaban por enajenar en los conventos de frailes. Por su parte, la Santa Sede suscribía el compromiso de instar a sus prelados a vender estos bienes en subasta pública y a que invirtiesen el producto en inscripciones intransferibles de la deuda del Estado, al 3 %.

En el artículo 42, el papa prometía por sí y por sus sucesores no molestar a los adquirientes de los bienes eclesiásticos desamortizados, reconociéndoles la propiedad de dichos bienes. Con ello se dejaba zanjada la cuestión de los escrúpulos morales que podían sentir aún aquellos católicos que habían participado en el gran negocio de la desamortización.

Con la firma del concordato, el gobierno conseguía un doble propósito: por una parte, el reconocimiento del régimen liberal encabezado por Isabel II, y, por otra, la legitimación de las ventas de los bienes eclesiásticos desamortizados. La Iglesia también logró, mediante este acuerdo, dos cosas que le resultaban de vital importancia en esta época: en primer lugar obtuvo garantías suficientes por parte del Estado español para ejercer la libertad de jurisdicción sin ninguna traba ni obstáculo, y en segundo lugar consiguió una seguridad gracias a la declaración en la que el Estado se comprometía a atender el mantenimiento del culto y del clero como compensación al despojo sufrido. Sin embargo, la Iglesia perdía lo que hasta entonces había constituido la mejor defensa de su autonomía e independencia: sus bienes, que le habían permitido hasta entonces llevar una existencia en el orden material separada de cualquier otra instancia oficial.

LA REVOLUCIÓN DE 1854

El predominio de los moderados en el poder finaliza en 1854. El golpe que acabó con el gobierno del conde de San Luis presenta tres frentes distintos que concluyen en su propósito de provocar un cambio político: un pronunciamiento de generales conservadores; una oposición política por parte de los progresistas y de un sector del mismo moderantismo, y una revuelta popular, que se traduce en la ya tradicional formación de juntas locales y provinciales por todo el país.

Litografía de Juan José Martínez, realizada según un dibujo de F. P. van Halen, titulada *Alzamiento de Madrid. En los memorables días 18 y 19 de julio de 1854. Dedicado al Excelentísimo ayuntamiento constitucional de esta muy heroica villa.* (Museo Municipal, Madrid.)

El partido moderado se hallaba deshecho y desgastado, y algunos de sus miembros afines al sector puritano prepararon con algunos destacados militares una acción para cambiar la línea política seguida por los «polacos» y sustituirla por una de un liberalismo más sincero y abierto. Entre los políticos estaban Ríos Rosas, Fernández de los Ríos, el marqués de la Vega de Armijo y Cánovas del Castillo; entre los militares, O'Donnell, Dulce y Serrano. A estos hombres se debió la iniciativa revolucionaria, aunque en una segunda fase entraron los elementos progresistas y populares, descontentos con la carestía que habían provocado las exportaciones de trigo a Inglaterra para compensar la desaparición de las exportaciones rusas como consecuencia de la Guerra de Crimea.

El 28 de junio, el general Domingo Dulce, director general de Caballería, se pronunció en el Campo de Guardias, y O'Donnell, que había permanecido escondido durante algún tiempo para escapar a la represión del gobierno de Sartorius, junto con los generales Ros de Olano y Mesina, acudió a unirse con ellos. El gobierno envió para someter a los sublevados al general Anselmo Blaser, y las dos fuerzas se enfrentaron el día 30 en Vicálvaro, donde se produjo una escaramuza de resultado indeciso. La «Vicalvarada» no produjo ni vencedores ni vencidos, y por el momento parecía que los militares que se habían pronunciado no tenían apoyo suficiente para alcanzar su propósito. O'Donnell, que se convirtió enseguida en la cabeza visible de los sublevados, no tenía nada en común con los progresistas, pero comprendió que sin su apoyo sería imposible el triunfo, y por eso atendió los consejos que proponían el llamamiento a esta fuerza política. Ésa fue la intención del *Manifiesto de Manzanares*, redactado por Antonio Cánovas del Castillo.

Regeneradores de la libertad española en julio de 1854, litografía de José Vallejo en la que se ha representado a los políticos Baldomero Espartero, Domingo Dulce, Leopoldo O'Donnell, Antonio Ros de Olano, Félix María de Messina, Evaristo San Miguel y Francisco Serrano.

El 7 de julio se hizo público este manifiesto, y el 17 la revolución tomó un nuevo impulso con el levantamiento de ciudades como Valladolid, Barcelona, Valencia y San Sebastián, donde se crearon inmediatamente juntas revolucionarias. Isabel II, asustada por el curso que tomaban los acontecimientos, retiró su confianza al conde de San Luis. El propósito de los elementos conspiradores más moderados se había cumplido, pero ello no evitó que en la capital estallasen serios disturbios que se materializaron en asaltos a los domicilios del recién destituido jefe del gabinete y de algunos de sus ministros. La revolución escapaba así del control de aquellos que la habían iniciado.

Se formó un nuevo gobierno encabezado por el general Fernando

Fernández de Córdova e integrado por hombres como Ríos Rosas, el duque de Rivas, Pedro Gómez de la Serna y Manuel Cantero, es decir, por progresistas respetables y por algunos moderados. Pero Fernández de Córdova era un militar de talante esencialmente rígido y sacó las tropas a la calle con la intención de reprimir rápidamente los brotes revolucionarios, cosa que no consiguió, puesto que a partir del día siguiente se formaron barricadas en las calles y se incrementó el número de paisanos armados que acudían al centro de Madrid desde los barrios populares. El duque de Rivas sustituyó a Fernández de Córdova, que pasó a ocupar la cartera de Guerra en el nuevo ministerio. La situación era confusa, y para controlarla, los progresistas más avanzados decidieron crear una Junta de Salvación, Armamento y Defensa, cuya presidencia fue ofrecida al viejo general Evaristo San Miguel, cuya carrera política había comenzado treinta años antes, al ocupar la presidencia del gobierno exaltado durante el Trienio Liberal.

El general San Miguel pactó con la reina Isabel II la aceptación de los principios progresistas y la formación de un nuevo gobierno presidido por Baldomero Espartero, que se hallaba en Logroño retirado de la política. Espartero había recuperado su popularidad, y al conocerse que había sido llamado por la reina «se convirtió en júbilo la amenazadora actitud del pueblo sublevado».

Palacio Atard ha hecho notar la marcha inversa de estos acontecimientos con relación a los que tuvieron lugar en 1843. En efecto, si en aquella fecha fueron los moderados los que se aprovecharon de un golpe que habían iniciado los progresistas contra su propio gobierno, ahora serían los progresistas los que sacasen ventaja de una revolución a la que habían sido llamados por un grupo de moderados disconformes contra un gobierno de correligionarios.

Aquellas jornadas de julio no eran más que la consecuencia del peligroso juego político a que daba lugar el sistema de la Constitución de 1845 y la propia actitud de la reina Isabel II. La Corona era persistente en su deseo de mantener al partido moderado en el poder, y eso se conseguía mediante la manipulación de la voluntad popular expresada en unas elecciones que en realidad eran una farsa. Al encargar a un miembro del partido moderado que formara gobierno, le daba también el poder para formar unas Cortes con el apoyo suficiente. El electorado no era muy numeroso y se podía condicionar mediante procedimientos diversos, de tal manera que se podía inducir el resultado deseado. Eso no daba opción a los progresistas, que veían bloqueado su acceso al gobierno a causa del pacto entre la Corona y los moderados. La única forma de conseguir el poder, ya que no por la vía legal de las elecciones, era el

Entrada de Espartero en Madrid en julio de 1854, según una litografía de la época.

golpe, la revolución. Y así fue como lo consiguieron en 1854. Eso no sería óbice, sin embargo, para que el progresismo tratase de utilizar desde el gobierno exactamente los mismos procedimientos que sus opuestos políticos. No contaban, empero, con una baza fundamental, como era la confianza de Isabel II.

EL BIENIO PROGRESISTA

Para aceptar el poder, Espartero impuso esta condición a la Corona a través de su ayudante, el general José Allende Salazar: la convocatoria de unas Cortes constituyentes, ya que la revolución estaba por encima de la legalidad vigente, y la soberanía nacional era superior al trono. La reina aceptó su propuesta «sin ningún género de restricción». Cuando corrió la noticia por Madrid, donde Espartero seguía teniendo incondicionales seguidores, el pueblo estalló en manifestaciones de júbilo, y sólo la lluvia copiosísima que cayó sobre la capital el día 27 de julio impidió que Isabel II saliese a recibir la entusiástica adhesión de los madrileños.

El gobierno que presidía Espartero tenía en la cartera de Guerra al general O'Donnell, lo cual no dejaba de resultar contradictorio, dadas las distintas miras políticas propias de ambos militares. Pero O'Donnell había sido el hombre fuerte del momento y los dos tenían por delante la tarea de desarmar la revolución, que seguía siendo dueña de la calle a través de las juntas, la propaganda y las reuniones patrióticas. Para conseguirlo, Espartero propuso a la reina la convocatoria de las Cortes Constituyentes para el 8 de noviembre y que éstas estuviesen formadas solamente por el Congreso de los Diputados, para evitar un posible desacuerdo con el Senado. En realidad, lo que se trataba de impedir era la presión conservadora que la Cámara Alta podía ejercer a la hora de elaborar el nuevo documento. El gobierno propuso también la aplicación de la Ley Electoral del 20 de julio de 1837, mediante la cual se otorgaba mayor extensión al sufragio y se hacía con ello más difícil su desvirtuación.

Otra medida que dispuso el nuevo gobierno fue la salida del país de la reina madre María Cristina, que había sido acusada por los revolucionarios de ser la culpable de los cabildeos palaciegos y de los escándalos que habían dado lugar a aquella situación política. La medida le valió las primeras críticas al duque de la Victoria por parte de una izquierda, que consideró la expatriación de María Cristina como una forma de liberarla de las responsabilidades a las que tenía que responder ante el país. Espartero no sólo hizo frente a estas críticas, sino que dedicó todo el esfuerzo a reprimir los restos revolucionarios con todo vigor.

El político Pascual Madoz, presidente del Congreso de los Diputados en el Bienio Progresista.

LAS CORTES CONSTITUYENTES

Las Cortes se reunieron en la fecha prevista y el discurso de la Corona fue tan hábil y ajustado que, a juicio de Valera, «volvió Isabel II a ser la verdadera reina de España, con mayor popularidad y apoyo que tal vez había tenido nunca». Como presidente del Congreso fue elegido Pascual Madoz, y se nombró una comisión para que se preparase el nuevo texto constitucional. El proceso de elaboración fue largo, porque se redactaron primero unas bases que dieron lugar a amplias

Antonio Cánovas del Castillo, cuya actividad política comenzó a ser conocida durante el Bienio Progresista. (Ateneo de Madrid.)

discusiones que se reflejaron en votos particulares. El 23 de enero de 1855 comenzaron esas discusiones y hasta un año después no quedó concluido el texto para su aprobación definitiva. Uno de los puntos más conflictivos fue el de la soberanía nacional, auténtico caballo de batalla de las diferentes concepciones políticas de moderados y progresistas. Éstos querían que este principio quedase reflejado en el texto y no ya en el preámbulo sino dentro de su articulado, para que quedase así constancia de su operatividad. Ríos Rosas y Cánovas del Castillo basaban su argumentación en contra, en el hecho de que tal formulación podía llevar al establecimiento del voto universal, que estaba lejos de sus postulados políticos. Para los progresistas, en cambio, este principio, como decía uno de sus diputados, era «una verdad tan clara que es difícil de demostrar, por lo mismo que la luz del sol no se demuestra, sino que se ve».

En lo que se refiere a los derechos individuales, el proyecto constitucional trataba de reforzarlos y garantizarlos, introduciendo algunas novedades con respecto a lo que se había proclamado en las leyes fundamentales anteriores, como era la abolición de la pena capital para los delitos políticos. No obstante, no prosperaron algunas propuestas para la introducción del sufragio universal, defendido ardorosamente por José María Orense, o los derechos sociales a la seguridad del trabajo y a la educación, apoyados por el diputado García Ruiz.

El problema religioso estalló también en las discusiones entre los partidarios de que en el texto se recogiese la unidad católica de España y los que pretendían introducir la libertad de cultos. Al final, se impuso una fórmula de transacción con la que estaban de acuerdo unos y otros: «La nación –decía– se obliga a mantener y proteger el culto y los ministros de la religión católica que profesan los españoles. Pero ningún español podrá ser perseguido por sus opiniones o creencias religiosas, mientras que no las manifieste por actos públicos contrarios a la religión».

Con respecto al poder legislativo, se mantenía el Senado, pero se hacía enteramente electivo, de tal forma que los integrantes de esta Cámara serían designados por el mismo procedimiento que los diputados al Congreso, y por otra parte, para tratar de evitar esa arma tan frecuentemente utilizada por la Corona en connivencia con el partido de sus simpatías, como era el de la disolución de las Cortes, se propuso la eliminación de esa posibilidad. No se aprobó una medida tan radical, pero se limitó mediante esta fórmula: «Cada año estarán reunidas las Cortes a lo menos cuatro meses consecutivos, contados desde el día que se constituya el Congreso de los Diputados. Cuando el rey suspenda o disuelva las Cortes antes de cumplirse este término, las Cortes nuevamente abiertas estarán reunidas hasta completarlo. En el primer caso previsto en el párrafo anterior, la suspensión de las Cortes en una o más veces no podrá exceder de treinta días».

Donde el proyecto de la comisión dejaba ver más claramente su inclinación progresista era en las cuestiones referentes a los municipios, a la Milicia Nacional y a la institución del jurado. Con respecto al primero, se dejaba bien claro que los ayuntamientos serían elegidos por los vecinos, eso sí, siempre que pagasen contribución directa a los gastos del Estado, de la provincia o del distrito municipal. En cuanto a la Milicia Nacional, se establecía su creación aun cuando se

DESAMORTIZACIÓN DE MADOZ-1

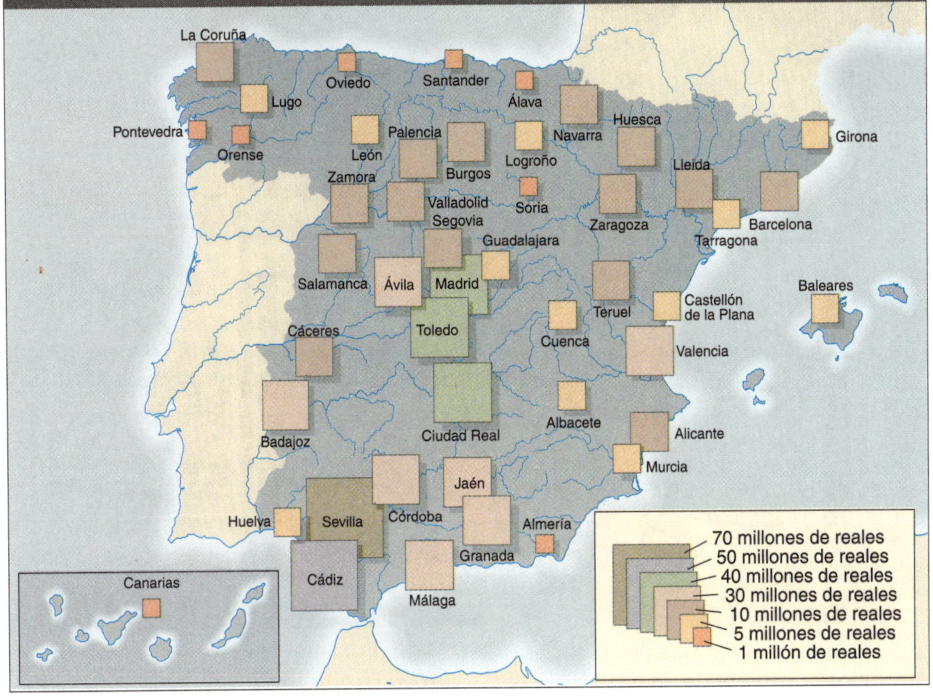

remitía a una ley posterior su organización y el tipo de servicio que debería prestar. Lo mismo ocurría con el jurado, cuyo funcionamiento quedaría regulado por leyes orgánicas u ordinarias.

Con todos sus fallos y limitaciones que indudablemente tenía el texto elaborado trabajosamente por la comisión, sobre todo por su carácter eminentemente progresista, Tomás Villarroya hace de él una valoración positiva en algunos aspectos, por cuanto trataba, a pesar de todo, de eliminar algunos obstáculos tradicionales que entorpecían el normal funcionamiento de la práctica política. Sin embargo, en su conjunto, el proyecto de 1856 merece la consideración de un documento hijo de una situación dominada por los progresistas, que aprovechan la ocasión para construir un marco político en el que su partido debía contar con todas las ventajas, lo cual estaba muy lejos de favorecer la convivencia política.

La Constitución, finalmente, no pudo ser aprobada, por eso fue conocida como la *non nata*, puesto que la crisis de 1856 provocó la disolución de las Cortes, antes de que tomasen una decisión en este sentido. Pero ahí queda el texto como expresión de las aspiraciones políticas de aquellos que habían hecho triunfar la revolución de 1854.

LA DESAMORTIZACIÓN DE MADOZ

Mejor suerte que la frustrada Constitución tuvo la ley desamortizadora promulgada el 1 de mayo de 1855, conocida como la «desamortización de Madoz», por haber sido Pascual Madoz quien la hizo aprobar, como ministro de Hacienda. Esta ley supone el inicio de la última etapa del largo proceso que se había iniciado en el siglo XVIII. Aunque también se la ha llamado «desamortización civil», en realidad afectaba no sólo a bienes de este tipo, sino también a bienes pertenecientes al clero, lo cual serviría para agravar las tensiones entre el Estado español y la Santa Sede, que se habían reavivado con motivo de la

La ley de desamortización de Pascual Madoz completó la promulgada por Mendizábal. Claustro de Montesión, utilizado como cuartel militar.

discusión en torno a la libertad religiosa para elaborar el nuevo proyecto de Constitución.

Se puede afirmar que, en cuanto a volumen de ventas, ésta fue la desamortización más importante. Mientras que las de 1837 alcanzaron la cifra de 4.500 millones de reales, las de 1855 alcanzaron, según Rueda, la cifra de más de 8.000 millones de reales. En la ley aprobada a iniciativa de Madoz, se declaraban en venta todos los bienes pertenecientes a manos muertas que no lo habían sido en anteriores desamortizaciones, es decir, todos los predios rústicos y urbanos, censos y foros del clero, de las órdenes militares de Santiago, Calatrava, Montesa y San Juan de Jerusalén, de cofradías, obras pías y santuarios, de propios y comunes de los pueblos, de beneficencia y de instrucción pública. De todos ellos, los que destacaban por su importancia eran los bienes que pertenecían a los municipios, tanto los que eran propiedad del pueblo en su conjunto (propios) y cuyos beneficios revertían en la totalidad de la comunidad, en forma, por ejemplo, de mejoras de infraestructura, como los comunes, que siendo también del pueblo podían ser disfrutados personal e individualmente por sus vecinos para llevar el ganado a pastar o para recoger leña para el hogar. En algunos casos también se trataba de fincas urbanas que el Ayuntamiento correspondiente tenía arrendadas a particulares, o, como ocurría en Cádiz, alquiladas para puestos de mercado.

La finalidad de la ley de Madoz era fundamentalmente, como lo había sido la de Mendizábal, la de obtener medios económicos para el Estado. Tampoco en esta ocasión aparece como una preocupación por parte de los progresistas el acceso a la tierra de los desposeídos. Los bienes desamortizados pasarían a propiedad de aquellos que más pudiesen pagar por ellos. Es decir, se utilizó también el procedimiento de la subasta pública para su venta. No obstante, se introdujeron algunas mejoras técnicas en cuanto a la forma de pago, pues ésta sólo podría hacerse en metálico y en un plazo de quince años, con un descuento del 5 % sobre los plazos adelantados. Estas condiciones se modificaron en parte en 1856, admitiéndose en algunos casos títulos de la deuda para pagar la mitad del valor total de los bienes adquiridos, pero sólo al valor de cotización del día anterior a la operación.

Así pues, en todo caso podría hablarse de unas consecuencias sociales negativas, al arrebatarle a los pueblos los únicos medios de financiación que tenían en la mayor parte de los casos para mejorar el nivel de vida de los vecinos y atender a los gastos de los servicios comunes, o bien al dejar a los habitantes más pobres sin la posibilidad siquiera de aprovechar esas tierras comunales para mantener su precaria subsistencia. Sólo en contados casos pudieron los municipios verse libres de la enajenación de su patrimonio, cuando justificaban que sus propiedades eran de aprovechamiento común y quedaban exceptuadas de la venta. Para compensar la pérdida de sus fuentes de ingreso, los municipios sólo disponían de los impopulares impuestos sobre los consumos, tan denostados y atacados por las clases menos favorecidas.

Por otro lado, la desamortización de los bienes del clero incluidos en esta ley planteaba de nuevo, a los cuatro años de la firma del concordato, las relaciones con la Santa Sede. Por este motivo, la reina se negó en un principio a sancionar la ley cuando se la presentaron en Aranjuez, donde se hallaba, Espartero y O'Donnell. Tras algunas dilaciones y excusas no tuvo más remedio que sancionarla, aun con graves problemas de conciencia, lo que provocó la ruptura con Roma.

Cuando las Cortes Constituyentes suspendieron sus sesiones en julio de 1855, habían aprobado más de noventa leyes, y entre ellas la de ferrocarriles, que regulaba la expansión de este medio de transporte. Diríase –como comenta Valera– que querían compensar los diez años que habían permanecido alejados del poder. Sin embargo, después de un año de poder progresista, los moderados habían recobrado energías y se aprestaban de nuevo a

Fernando Garrido, fundador del partido demócrata y miembro activo del republicanismo.

recuperar el gobierno. Espartero era el centro de sus críticas, que se ejercían sobre todo a través del periódico clandestino *El Padre Cobos*, de amplia circulación en los mentideros políticos. Pero sus censuras encontraban también eco popular, debido a la actitud siempre engreída del duque de la Victoria y al descontento generalizado que habían provocado algunas de las disposiciones aprobadas por los progresistas que tendían a favorecer claramente a los elementos afines a su política, como pensiones, recompensas y ascensos en el escalafón militar. Lo que Fernando Garrido llegó a calificar de «tontería tradicional» de los progresistas, y que no era más que su escasa capacidad para ostentar el poder sin el concurso de un «figurón» como Espartero, les llevaría de nuevo a la división. Por una parte, los progresistas puros que se negaban a colaborar con un gobierno que mantenía a O'Donnell como segundo de a bordo; por otra, los que tendían hacia un centro liberal por huir del radicalismo de los demócratas.

Las divergencias se acentuaron ante la actitud que tomó el gobierno

Caricatura aparecida en la revista *La Flaca*, titulada *Primer conflicto ministerial ocasionado por la irreverencia de varios reverendos.*

para reprimir algunas revueltas de carácter social que se produjeron en Barcelona, Zaragoza y Valencia, que más tarde se extendieron a Castilla, y que desembocaron en el incendio de fábricas de harina, barcas que servían para su transporte y en saqueos de casas y almacenes. En muchos casos, la Milicia se puso de parte de los revoltosos y esa crisis de poder fue aprovechada por la reina para destituir a Espartero y nombrar a O'Donnell jefe del gabinete, el 14 de julio de 1856. Era un auténtico golpe de Estado, ya que la maniobra iba en contra de la mayoría parlamentaria, pero era también el único final posible de ese ocasional maridaje de los dos generales. Ganó el menos cándido, pues Espartero no sólo no supo cortar el deslizamiento del gobierno hacia la derecha, impulsado por O'Donnell, sino que fue utilizado por éste como parachoques de los embates que procedían de la izquierda, valiéndose del carisma y la popularidad que seguía teniendo el duque de la Victoria.

O'Donnell fue recibido en las Cortes con un voto de censura, mientras que en las calles se enfrentaban los milicianos con las tropas leales al gobierno. Espartero se negó a ponerse al frente de la Milicia por temor a que el triunfo de la revolución provocase la caída del trono. Su actitud la justificó luego con estas palabras: «Permanecer inactivo fue para mí mil veces más cruel que lo fuera la muerte. La historia me tomará en cuenta este durísimo sacrificio, último de los que he tenido ocasión de hacer a la inflexibilidad de mis principios y a la rectitud de mi conciencia». La resistencia de los milicianos no duró mucho tiempo. Fueron sometidos por el gobierno, primero en la capital, y poco más tarde en Barcelona, Valencia y Zaragoza.

Con una mayoría hostil en las Cortes, O'Donnell optó por disolverlas, con lo que moría la Constitución aún no nacida, y restableció la Constitución de 1845, aunque añadiéndole un «Acta Adicional» mediante la que introducía algunas medidas liberalizadoras, que fue aceptada por la Corona. O'Donnell, que había sido el autor y el principal protagonista de la revolución de 1854, acababa ahora con ella. La reina ya no le necesitaba, puesto que estaba ya trazado el camino para la vuelta de los moderados. El pretexto para darle el cese era fútil, pero refleja a las mil maravillas la precaria base en la que se sustentaban los gobiernos y el papel que la Corona seguía teniendo en el funcionamiento de la maquinaria política de la época. Con motivo de su cumpleaños, el 10 de octubre, Isabel II dio una fiesta en palacio, en la que desairó al jefe del gabinete, prestando toda su atención a Narváez, que acababa de regresar a Madrid. Fue suficiente para que O'Donnell presentase su dimisión al día siguiente.

EL BIENIO MODERADO (1856-1858)

Como era lógico esperar, Narváez sustituyó a O'Donnell en la presidencia del Consejo. Era la cuarta vez que ascendía a este puesto, y venía acompañado ahora de elementos retardatarios, como Cándido Nocedal, en Gobernación, y de reformistas eficaces, como Claudio Moyano, en Fomento. La vuelta de los moderados al poder significaba, según la práctica política de entonces, no sólo la remoción completa de empleados, sino la destrucción de la tarea legislativa llevada a cabo por los inmediatos antecesores. Por de pronto, se derogaron todos los decretos, leyes y disposiciones que violaban el Concordato de 1851, y se restablecieron las relaciones con la Santa Sede. Se suspendió la aplicación de la ley desamortizadora de 1855. Se confirmó el restablecimiento de la Constitución de 1845, pero sin el «Acta Adicional» que había hecho aprobar el gabinete O'Donnell, y se suprimieron todas las disposiciones que los progresistas habían introducido para el gobierno de los ayuntamientos y diputaciones provinciales. En definitiva, se volvía a la situación anterior a la revolución de 1854.

Frente a esta labor destructiva, el gobierno presidido por Narváez llevó a cabo en esta ocasión una notable tarea legislativa que mereció el reconocimiento de numerosos historiadores. Naturalmente que para llevar a cabo su política, los moderados contaron con una aplastante mayoría en la Cámara, pues en las elecciones celebradas el 25 de marzo sólo salieron media docena de diputados progresistas.

Las Cortes se abrieron el 1 de mayo, y la primera cuestión que abordaron fue la reforma del Senado, en el que en lo sucesivo se exigirían más requisitos para adquirir la condición de senador, con el objeto de que se prestigiase más la alta Cámara. En este sentido, se introdujo la novedad de hacer hereditario el cargo para aquellos grandes de España que disfrutasen de una renta de 200.000 reales. La medida, sin embargo, no tuvo efecto por el temor de los gobiernos que se sucedieron a que aquello pudiese dar lugar al restablecimiento de las vinculaciones.

También presentó el gobierno un proyecto de Ley de Imprenta, que se convirtió en ley el 13 de julio de 1857. En ella se introducía la censura previa

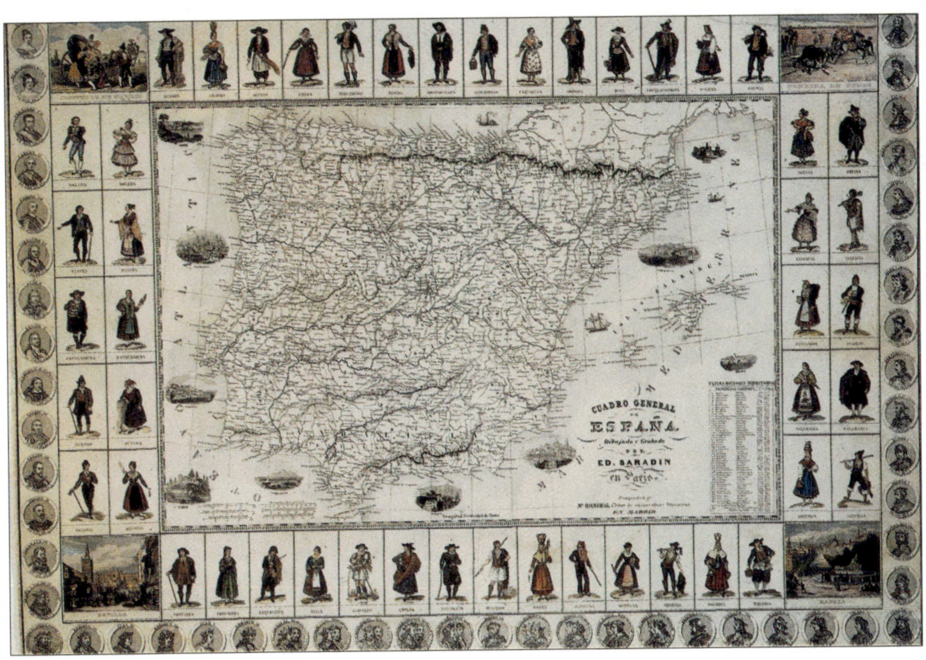

Cuadro general de España, dibujado y grabado por E. Saradín en París. En el marco interior lleva representados los trajes típicos de las distintas regiones del país y en el marco exterior los retratos de destacadas personalidades. (Museo Municipal, Madrid.)

Circo de Madrid, compañía de caballos, dibujo satírico sobre la vida política madrileña aparecido en la revista *La Flaca.*

para la publicación de periódicos y se exigía a los directores un depósito permanente de 300.000 reales si era de Madrid, y de 200.000 si era de provincias, para responder a los posibles delitos que determinasen unos jueces especiales, que se creaban también al efecto. Además de estas leyes, el gobierno de Narváez realizó importantes trabajos estadísticos, como el censo general de población de 1857, promulgó la Ley de Instrucción Pública y fundó la Academia de Ciencias Morales y Políticas. Pero junto a esta política de realizaciones y de reformas administrativas, el gobierno moderado hizo gala de una gran dureza en las represiones que llevó a cabo contra los autores de desórdenes graves que hubo en aquel verano de 1857 en Andalucía.

Sólo había transcurrido un año desde su nombramiento, cuando se produjo la caída de Narváez. El tratar de dar una explicación racional a este hecho, como a otros de la misma índole, puede resultar superfluo. La reina desconfiaba de su carácter autoritario, o hacía caso a determinadas presiones políticas; lo cierto es que ni siquiera con una mayoría parlamentaria fuerte podía sostenerse un gobierno que no contaba con la confianza de la Corona, aunque, como en este caso, fuese tan moderado. La reina hizo un intento de presidir ella misma un gabinete, de lo que fue disuadida por Bravo Murillo, tras mostrarle su condición de inviolable.

El encargado de formar nuevo gobierno fue el general Francisco Armero (15 de octubre de 1857 a 11 de enero de 1858). Armero era un hombre de transición que pretendía situarse entre el radicalismo de los progresistas y el inmovilismo de los moderados. No pudo hacer nada: una desfavorable votación en las Cortes provocó su sustitución por Francisco Javier de Istúriz. Éste, a pesar de su dilatada experiencia política, no fue capaz tampoco de mantenerse más allá de algunos meses (del 11 de enero al 30 de junio de 1858). A pesar de contar con el apoyo del sector más duro del moderantismo encabezado por Bravo Murillo, fue despegándose de él para conectar con los elementos más liberales, e incluso con algunos del partido progresista. Parecía llegada la hora de los que intentaban llevar a la política española una solución de centro. El gobierno de los moderados se había desacreditado a causa de sus escisiones que ponían de manifiesto su desgaste. Su contenido político no se había renovado, seguía alimentándose ideológicamente del doctrinarismo de la época de María Cristina, y no se había producido el relevo de sus principales líderes. Pero lo mismo les ocurría a los progresistas. El fracaso de la revolución de 1854 había puesto al descubierto la inviabilidad de una solución puramente progresista. El resultado de la deserción de miembros de una y otra opción política fue la formación de la Unión Liberal, una nueva fuerza que intentaría armonizar más cumplidamente la libertad con el orden y que llenaría la vida política española, al menos, hasta 1863.

EL GOBIERNO DE LA UNIÓN LIBERAL Y LA GUERRA DE ÁFRICA

En 1858 se abre una nueva etapa en el reinado de Isabel II en la que se ensaya una solución política representada por la Unión Liberal. Esta fuerza estaba integrada por elementos convergentes de los dos partidos históricos, e inspirada por un militar, el general Leopoldo O'Donnell, y un civil, José Posada Herrera, antiguo progresista, político hábil y con sentido práctico, además de buen orador. Por su parte, O'Donnell, nacido en Canarias y de origen irlandés, había iniciado su ascenso en la carrera militar en la I Guerra Carlista, en la que llegó a alcanzar el grado de teniente general cuando sólo tenía treinta años. Durante la regencia de Espartero se convirtió en uno de los elementos más destacados del partido moderado. Fue nombrado capitán general de La Habana y senador, pero su actividad política era todavía muy limitada. Rompió con Narváez en 1848 por disconformidad con la represión del movimiento progresista y saltó al protagonismo político con motivo de la «Vicalvarada».

El objetivo de estos hombres de la Unión Liberal era el de hallar el difícil equilibrio entre la libertad y el orden y conciliar los diversos intereses que habían venido enfrentándose sistemáticamente en forma de poder y de oposición. Como partido de síntesis, la Unión Liberal carecía de un programa propio y de un cuerpo de doctrina original. Es más, O'Donnell consideraba la intransigencia doctrinal y los dogmas políticos como trabas insalvables para la buena marcha del gobierno. Posada Herrera, por su parte, condenaba al partido moderado y al partido progresista porque cada uno pretendía imponer su propia Constitución, cada uno tenía su propio sistema de administración, e incluso, cada uno tenía sus propios funcionarios. Creía que había que partir de las instituciones existentes para consolidarlas y hacerlas eficaces, y después llevar a cabo su perfeccionamiento y adaptación a los tiempos venideros. Su eclecticismo y pragmatismo le llevaban a acoger a todos aquellos que aceptasen la dinastía y la Constitución y no tuviesen opiniones contrarias en lo esencial al proyecto, sin tener en cuenta su procedencia ni su denominación. Los procedentes de los dos partidos tradicionales que acudieron a la llamada

Óleo de J. Suárez Llanos, pintado en 1876, con el retrato del abogado y político José Posada Herrera, inspirador en 1858, junto a O'Donnell, de la Unión Liberal. (Palacio de las Cortes, Madrid.)

de la Unión Liberal eran los «resellados», y entre ellos podía contarse a los moderados Martínez de la Rosa, Alejandro Mon e Istúriz, y a los progresistas Santa Cruz, Lafuente, Cortina y Zavala. Frente a ellos quedaban, por la derecha, el conde de San Luis, el marqués de Pidal, González Bravo y Moyano, y por la izquierda, los puros, encabezados por Espartero y con el concurso de Olózaga, Madoz,

El militar Leopoldo O'Donnell, fundador de la Unión Liberal, retratado por J. Moreno. (Museo del Ejército, Madrid.)

Sagasta, Calvo Asencio y Sánchez Silva, entre otros. Algunos, como Bravo Murillo, al que le parecía que la Unión Liberal vivía de la difamación de los demás, optaron por retirarse de la política.

El 30 de junio se constituyó el gobierno presidido por O'Donnell (el «gobierno largo»), de una duración superior a los cuatro años. En Gobernación llevaba a Posada Herrera, en Estado a Saturnino Calderón y en Hacienda a Pablo Salaverría. La consiguiente disolución de las Cortes fue acompañada de la convocatoria de elecciones para finales de octubre. Los mecanismos de influencia y de presión se pusieron en funcionamiento con el objeto de obtener una mayoría cómoda en el Congreso. Los gobernadores civiles fueron aleccionados, se cambió a todo el personal de la Administración y se rectificaron las listas electorales.

Por su habilidad para manipular la voluntad de los electores desde el Ministerio de la Gobernación, Posada Herrera fue calificado de *Gran Elector*. Y, en efecto, consiguió fabricar una gran mayoría sin que por ello dejasen de estar representados los hombres más destacados de la oposición, que ejercieron una crítica brillante y tenaz a la labor del gobierno. Allí estaba Aparisi y Guijarro, jefe del partido absolutista; González Bravo, cabeza visible de los moderados que contaban con treinta diputados, y Salustiano Olózaga, al frente de una veintena de progresistas. Los unionistas, por su parte, formaban una mayoría unida en tanto persistiese la autoridad de O'Donnell y el control y la capacidad maniobrera de Posada Herrera, pues la diversidad de su origen y la carencia de nexo ideológico entre ellos hacía extremadamente frágil su cohesión. Como quiera que fuese, lo cierto es que aquellas Cortes tuvieron una duración de cinco años, lo cual suponía un auténtico éxito en el inestable panorama de la política española de aquellos años.

Con esa composición, el Congreso abrió sus sesiones el 1 de diciembre. En los debates se puso pronto de manifiesto que la palabrería y las acusaciones mutuas, junto con la falta de preocupación por los problemas de fondo que tenía planteado el país, eran cosas que no había podido desterrar de la vida parlamentaria el dominio que en ella ejercía la Unión Liberal. Cuando se repasan las actas de las sesiones, sorprende la abundancia de discursos sobre cuestiones nimias y de poca monta que polarizan la atención y las energías de los diputados, y la casi total carencia de discursos sobre proyectos legislativos destinados a llevar a la práctica las ideas de cada uno. El hecho de si debía o no erigirse una estatua a Mendizábal mereció, por ejemplo, una larga discusión entre progresistas y moderados. Otro asunto al que, tanto el Congreso como el Senado, dedicaron varias sesiones fue el proceso seguido contra Esteban Collantes, el cual había sido ministro de Fomento con el conde de San Luis en 1854 y había sido acusado de haber cometido delitos de fraude, de falsificación de documentos y de estafa en relación con las obras que se llevaban a cabo para la construcción del Canal del Manzanares. Al final, Esteban Collantes quedó absuelto, pero el proceso había desatado las pasiones políticas de las dos cámaras y agotado varias sesiones en su desarrollo.

Las sesiones de las Cortes se interrumpieron durante el verano de 1859, para reanudarse el 1 de octubre. Entretanto, algunos acontecimientos interiores no consiguieron del todo alterar la tranquilidad que vivió el país en aquella etapa. Un intento republicano dirigido por Sixto Cámara, que intentó sublevar a la guarnición de Olivenza, y que le costó la vida, y un frustrado regreso del conde de Montemolín, que desistió cuando nació el hijo varón de Isabel II, Alfonso, el futuro Alfonso XII. La Guerra de África demandó una serie de actuaciones exteriores que explican la desactivación de los endémicos conflictos domésticos durante algún tiempo.

Pero la estabilidad política de estos años tiene mucho que ver con la prosperidad económica. El gobierno de la Unión Liberal era consciente de que el desarrollo y la creación de riqueza eran no sólo el camino para una España nueva, sino el mejor antídoto contra la revuelta social. El presupuesto extraordinario de 1859 preveía una serie de inversiones en este sentido, a base de la captación de ingresos extraordinarios y de préstamos. El ferrocarril comenzó su auténtica expansión a comienzos de la década de los sesenta, y la industria metalúrgica se benefició de la política de O'Donnell de construcción naval para dotar al país de una escuadra capaz de enfrentarse a la de las primeras potencias del mundo.

Estos años, sólo alterados ocasionalmente por brotes de republicanismo o manifestaciones de descontento

El general Manuel Gutiérrez de la Concha, uno de los políticos que abandonó la Unión Liberal.

social, fueron aprovechados por la reina para realizar algunos viajes por distintas regiones del país. Así, en 1860 visitó Alicante, Baleares, Barcelona y Zaragoza. Dos años más tarde recorrió las regiones de Andalucía y de Murcia, y su satisfacción por el recibimiento de que fue objeto en el sur de España se reflejó en el discurso de la Corona para la apertura de la legislatura de aquel año.

No todo era, sin embargo, un camino de rosas en la inusualmente larga vida del gobierno de O'Donnell. La Unión Liberal iba dejando en el trayecto algunos de los elementos que más habían contribuido a llevarla al poder. Ríos Rosas, Alonso Martínez, Concha y Cánovas del Castillo, disconformes algunos con ciertas decisiones caprichosas del jefe del gabinete, y otros a causa de incompatibilidades personales, fueron retirándole su apoyo. Estas deserciones y el desgaste natural provocado por su larga permanencia en el poder forzaron la dimisión de O'Donnell el 27 de febrero de 1863.

La causa concreta de la caída del gobierno fue la negativa de la reina a acceder a los deseos de O'Donnell de disolver las Cortes y convocar nuevas elecciones para que se pronunciasen sobre la cuestión de una reforma constitucional. La actitud de Isabel II parecía responder al deseo de que no se aboliese aquella otra reforma que

Batalla de la Guerra de África, de Marcelino Unceta. (Museo de Bellas Artes, Buenos Aires.)

se había aprobado en julio de 1857, en la que se reforzaban los requisitos para la obtención de un escaño en el Senado. Sin embargo, más tarde autorizó al gobierno de Mon para que en 1864 la derogase definitivamente. Sea cual fuere la intención de la reina, lo cierto es que su postura precipitó la caída de O'Donnell, dando con ello fin a aquel ensayo de centro, que subsistió mientras duró el poder.

A partir de ese momento, y hasta el final del reinado de Isabel II, resulta difícil encontrar una explicación coherente y racional sobre la evolución de la política española. Todo se reduce a la distribución de personajes, cuyo ascenso al gobierno no responde exactamente a la distribución de las fuerzas políticas en presencia, ni mucho menos a los sectores sociales responsables. Ello no era más que un reflejo de la descomposición y la fragmentación de los distintos partidos, de la falta de solidaridad que impedía cualquier intento de llevar a cabo una coalición. Los progresistas no se encontraban en condiciones de gobernar, porque su partido se hallaba desorganizado y dividido, situación que achacaba a la política de descomposición de las antiguas fuerzas por parte del anterior gobierno. La reina, por su parte, seguía desconfiando de un partido al que consideraba criptorrevolucionario. La actitud de éste a partir de entonces sería la del retraimiento, y desde ahí se iría inclinando cada vez más hacia la acción revolucionaria.

Los demócratas también se hallaban divididos entre la antigua dirección de Rivero y Orense y la nueva generación representada por Pi y Margall y Castelar; entre los individualistas y los socialistas. Sin embargo, trataban de atraerse a los progresistas decepcionados, alentando las disensiones entre ellos. La Corona no podía contar con los demócratas por su actitud antidinástica y revolucionaria.

Quedaban los moderados, pero también éstos se hallaban fragmentados en varios grupos y habían demostrado una nula capacidad de recuperación, porque en realidad sus cuadros directivos habían sido los más afectados por el centrismo de la Unión Liberal, que les había ocupado un territorio político que ahora resultaba difícil volver a ganar. De todas formas, la reina optó por ellos porque los consideró como la solución menos mala.

La Guerra de África

El aspecto más interesante de la etapa de la Unión Liberal fue, sin duda, el de la política exterior. Desde la pérdida de las colonias del continente americano, los problemas de la política interior habían atraído de tal manera la atención de los distintos gobiernos, que se puede afirmar que España vivió durante más de tres décadas con un escasísimo contacto con el exterior y prácticamente aislada en el contexto de la política internacional.

Ese aislamiento puede parecer contradictorio con la integración de España en la Cuádruple Alianza (Inglaterra, Francia, España y Portugal) cuyo tratado se firmó en Londres en 1834 y que contribuyó a crear un sistema regional europeo occidental, parlamentario y liberal. Sin embargo, no hay tal contradicción, según Jover, si tenemos en cuenta que ese entendimiento de la diplomacia española con otras potencias no tendría otro objeto que el de asegurar la estabilidad del Estado y su integridad territorial, quedando siempre al margen de cualquier otra implicación internacional que trascendiese las fronteras españolas.

La Guerra de África hay que entenderla, pues, como una cuestión que, aparte de los aspectos relativos a la defensa de unos territorios pertenecientes a España, afectó a la política interior por cuanto sirvió al general O'Donnell para crear en torno al gobierno de la Unión Liberal un consenso generalizado, impulsado por la exaltación patriótica que provocó el conflicto.

Los problemas en Marruecos se habían iniciado a comienzos del reinado de Isabel II, a raíz de la ocupación en 1843 de algunos territorios colindantes con la plaza de Ceuta que ponían en peligro su defensa. Ante la reclamación que formuló el ministro de Estado, el bajá de Tánger prometió devolverlos. No se había cumplido su promesa cuando los rifeños atacaron la plaza de Melilla en marzo del año siguiente. El gobierno de Narváez presentó con ese motivo una reclamación más enérgica, que fue contestada negativamente por el sultán de Marruecos. La intervención mediadora de Francia e Inglaterra facilitó la firma de los convenios de Tánger (25 de agosto de 1844) y Larache (6 de mayo de 1845), mediante los que se restituían a Ceuta y Melilla sus antiguos límites.

Batalla de los Castillejos, de Ricardo Balaca. (Museo de Bellas Artes, La Habana.)

Sin embargo, los convenios no se cumplieron, puesto que continuaron las agresiones, el comercio español no recibió las ventajas pactadas, ni las plazas de Ceuta y Melilla recobraron sus antiguos límites. España volvió a reclamar de nuevo a Marruecos en 1848 y el sultán respondió calificando de invasión de su territorio la ocupación de las islas Chafarinas por tropas españolas. La ruptura parecía inevitable y se produjo, en efecto, en 1859, precisamente cuando acababa de firmarse un nuevo acuerdo, el convenio de Tetuán (25 de agosto). De forma inesperada, los musulmanes de la cabila de Anghera atacaron la plaza de Ceuta, destruyeron sus defensas y arrancaron el escudo de España de la piedra que marcaba el límite entre el territorio español y el marroquí.

España declaró la guerra a Marruecos el 22 de octubre, y contó para ello con la simpatía de las naciones europeas, excepto Inglaterra, que desconfiaba de la presencia española al otro lado del Estrecho y de su fortaleza de Gibraltar. Las tropas españolas se fueron reuniendo en los puertos de Algeciras, Cádiz y Málaga, hasta alcanzar la cifra de unos 40.000 hombres. Este ejército se dividió en tres cuerpos mandados, respectivamente, por los generales debían dirigirse por tierra hasta Tetuán.

Por su parte, el ejército marroquí estaba mandado por el hermano del sultán, Muley el-Abbas, y estaba compuesto por tropas permanentes y accidentales, que en total se acercaban a la suma total de 40.000 hombres, pero poco disciplinados y faltos de una mínima organización.

Los primeros enfrentamientos tuvieron lugar en las cercanías de Ceuta, donde las tropas españolas sufrieron numerosas bajas a manos de los rifeños que peleaban con gran moral. Hasta comienzos de 1860 no pudieron los españoles iniciar su marcha a Tetuán. El general Prim se adelantó

Episodios de la Guerra de África. Batalla del 23 de marzo de 1860. Los Tercios Vascongados y Cazadores de Tarifa atacan las posiciones de los marroquíes y logran un triunfo completo.

Echagüe, Zavala y Ros de Olano. Contaba también con una reserva mandada por el general Prim y con una división de caballería bajo el mando del general Félix Alcalá Galiano. La jefatura suprema la asumió el propio presidente del gobierno, el general Leopoldo O'Donnell, quien marcó como principal objetivo la toma de Tetuán. Para trasladar a estas tropas al norte de África se disponía de una escuadra de sólo catorce buques que tuvieron que hacer la travesía del Estrecho en varias ocasiones hasta depositar a todos los soldados en la plaza de Ceuta. Una vez allí,

con sus tropas penetrando en el valle de los Castillejos, donde fue sorprendido por el enemigo y colocado en una difícil situación. La ayuda del general Zavala y el arrojo y la valentía del general Prim consiguieron que los marroquíes se retiraran, no sin antes causar unas setecientas bajas en las tropas españolas. Su comportamiento le valdría a Prim el sobrenombre de *Héroe de los Castillejos*. A los dos días continuó el avance sobre Tetuán, teniendo que vencer grandes obstáculos por el hostigamiento continuo que sufrían los soldados, y por la escasez de víveres con que contaban, dadas las dificultades con las que tropezaba la escuadra para desembarcar las provisiones a causa del temporal. A pesar de todo, tomaron importantes posiciones en Monte Negrón, lo que les facilitó el camino para llegar al objetivo final.

El 4 de febrero se organizó el Ejército para atacar Tetuán. Se realizó una previa preparación por parte de la artillería, que disparó alrededor de 3.000 proyectiles, tras lo cual el general Prim se lanzó a las trincheras que impedían el paso a la ciudad, consiguiendo despejarla de enemigos. Al día siguiente, O'Donnell entró en Tetuán, que ya no ofreció resistencia. Muley el-Abbas trató de dilatar las negociaciones para fijar las condiciones de paz con el objeto de rehacer sus fuerzas, cosa que consiguió en Wad-Ras, delante del desfiladero de Fondak, en el camino que llevaba de Tetuán a Tánger.

El Ejército español siguió avanzando, mientras la escuadra bombardeaba Larache y Arcila. En Wad-Ras se trabó el más duro combate de toda la campaña el 23 de marzo. La batalla fue muy sangrienta en razón del ardor de los combatientes y las dificultades del terreno, que hicieron que se llegara en numerosas ocasiones al cuerpo a cuerpo. Al final, los marroquíes tuvieron que retirarse a las alturas de Fondak, dispuestos a continuar, si era necesario, la resistencia.

El conflicto había agotado a los dos contendientes, y Muley el-Abbas, presionado por Inglaterra, a la que no interesaba que los españoles siguieran avanzando por la otra orilla del Estrecho, se presentó ante O'Donnell para ajustar las condiciones de paz, mediante la firma de unas bases preliminares, que fueron ratificadas el 26 de abril de 1860, en el tratado de Wad-Ras. Tetuán quedaba en poder de los españoles hasta que éstos recibiesen una entrega de cuatrocientos millones de reales en concepto de indemnización de guerra. Marruecos cedía a España todo el territorio comprendido desde el mar, siguiendo las alturas de Sierra Bullones hasta el barranco de Anghera. Asimismo, le cedía a perpetuidad la costa del Océano en Santa Cruz la Pequeña (Ifni) para que crease allí un establecimiento de pesquería, como el que había tenido allí en otros tiempos. El rey de Marruecos se comprometía, por otra cláusula del tratado, a ratificar el convenio referente a las plazas españolas de Melilla, el Peñón y Alhucemas, que habían firmado los plenipotenciarios de los dos países, en Tetuán, el 24 de agosto de 1859. Desde el punto de vista comercial, España

Litografía de José Vallejo en la que se representa el tratado de Wad-Ras, tras la toma de Tetuán y la victoria del ejército español en la Guerra de África. (Museo de San Telmo, San Sebastián.)

Llegada a Barcelona del general Juan Prim tras su victoria en la Guerra de África.

recibiría por parte de Marruecos el tratamiento de nación más favorecida.

La guerra de Marruecos había comenzado con el respaldo entusiasta de la mayor parte de los españoles. Incluso hay que reconocer que fue un aglutinante que milagrosamente puso de acuerdo a todos los partidos. Es más, la oposición mostró, a través de las intervenciones en el Congreso o a través de los periódicos, un mayor ardor intervencionista que el propio gobierno. Pero a medida que se desarrolló la campaña, esos entusiasmos fueron enfriándose algo a causa de las numerosas bajas que causaba. Posteriormente dio origen a importantes críticas por los escasos resultados de la intervención, ya que Marruecos no cumplió sus compromisos. «Una guerra grande y una paz chica» fue la frase con la que se expresaba ese desengaño.

En efecto, Marruecos consiguió que Tetuán se desalojase antes de que fuese satisfecha toda la indemnización, y el tratado de comercio que se había firmado el 20 de noviembre de 1861 benefició más a Francia e Inglaterra que a España, pues sus ventajas se extendieron también a aquellas naciones. Por otra parte, el coste material de la guerra fue muy alto, y los gastos que produjo tuvieron una incidencia decisiva sobre la crisis general de 1864-1868, como ha puesto de manifiesto Gabriel Tortella. Eso sí, la guerra permitió a O'Donnell recibir el título de duque de Tetuán, y dio lugar a una colección de espléndidos retratos, pinturas y grabados, como los que realizó Mariano Fortuny, que estuvo pensionado en la campaña por la Diputación de Barcelona, o a relatos que alcanzaron notable difusión.

La intervención en Ultramar

La política exterior española durante la etapa de la Unión Liberal se proyecta en Ultramar en las siguientes intervenciones: colaboración con Francia en la expedición a la Cochinchina (1857-1863), participación española en la expedición a México (1861-1862), recuperación de Santo Domingo (1861) y la Guerra del Pacífico con Perú y Chile (1863-1866). En su conjunto, parece como si la geografía de estas expediciones hubiese sido proyectada adrede para revivir pasadas hazañas imperiales. La retórica y un cierto triunfalismo por los resultados de esta política se manifiestan en el discurso de la Corona en la sesión de apertura de las Cortes, el 8 de noviembre de 1861. Para Jover, ello es el resultado de una especie de recepción tardía del nacionalismo romántico, que no trata de alterar el *status quo* territorial preexistente, sino más bien satisfacer emocionalmente a los españoles, sobre todo a las clases medias, cuya adhesión al régimen se trata de promover, y facilitar en pleno «régimen de los generales» el protagonismo de los militares, que sacarán ventaja, personal y políticamente, de estas expediciones.

La expedición a la Cochinchina se llevó a cabo, en buena medida, a remolque de Francia, que tenía puestas sus miras en Indochina y en Anam por razones económicas y estratégicas. El motivo que provocó el envío a Oriente de una fuerza combinada fue el asesinato de los obispos españoles Sampedro y Díaz y de otros misioneros que evangelizaban aquellas tierras. Aunque el mando de la expedición se le cedió a los franceses, en realidad quienes llevaron el peso de las operaciones que allí se realizaron fueron los españoles, quienes, enviados desde Manila bajo el mando del coronel Palanca, demostraron estar más habituados a aquel riguroso clima y conocer mejor el medio en el que tenían que desenvolverse. Sin embargo, una vez terminada la guerra y garantizada la labor cristianizadora de los misioneros, el gobierno francés declaró «que era necesario que la España buscase en otro punto del imperio la compensación de los sacrificios que había hecho, pues Saigón y lo conquistado pertenecía a la Francia». Así terminó aquella aventura, en la que los españoles pudieron darse cuenta de la servidumbre que imponía la alianza con Francia y las desventajas que tenía la confianza ciega en Napoleón III.

La intervención en México se hizo también junto con Francia y con Inglaterra, interesadas estas dos potencias en abrir zonas de influencia en el continente americano. México se hallaba enzarzado en una serie de luchas interiores entre conservadores y radicales, encabezados éstos por Benito Juárez, quien triunfante en diciembre de 1860 tomó una serie de medidas perjudiciales para los intereses extranjeros. El embajador español, Joaquín Francisco Pacheco, que no supo entenderse con Juárez, fue expulsado del país y se suspendió el pago de la deuda exterior. Algunos mexicanos solicitaron la intervención de España, Francia e Inglaterra para dotar a México de un gobierno estable y fuerte. Napoleón III se manifestó dispuesto a acudir a la llamada, y en principio contó con la colaboración de Inglaterra. España, más que para pedir reparación a los agravios de los mexicanos, decidió sumarse al acuerdo para evitar que las otras potencias obrasen por su cuenta. Así, el 31 de octubre de 1861 se firmó en Londres el pacto entre las tres naciones para evitar que las otras potencias obrasen por su cuenta y enviar a México las tropas de intervención, «obligándose a no ejercer en los negocios interiores de México influencia alguna capaz de menoscabar el derecho que tiene la nación de escoger y constituir libremente la forma de su gobierno». La intervención se realizaría sobre la base de un cuerpo expedicionario compuesto por 6.000 españoles y 3.000 franceses. Inglaterra, por su parte, enviaría dos navíos, cuatro fragatas y 700 hombres de desembarco.

España preparó su expedición desde Cuba, y la puso al mando del general Prim, quien precipitó su salida desde La Habana antes de ponerse de acuerdo con los aliados, tomando Veracruz y San Juan de Ulúa, a mediados de diciembre. En esta fortaleza se reunieron los tres jefes expedicionarios

El puerto mexicano de Acapulco, país en el que España intervino junto con Francia e Inglaterra.

y manifestaron su intención de no interferir en las cuestiones internas de México, sino sólo de tenderle una mano amiga; manifestación totalmente falsa, pues Napoleón III tenía ya el propósito de colocar al archiduque Maximiliano de Austria como emperador de aquellas tierras. Las fuerzas aliadas se internaron hasta Orizaba, donde el general Prim llevó a cabo varias entrevistas con los representantes de

Grabado que reproduce el ataque de un grupo de guerrilleros mexicanos a un convoy de la línea férrea de Veracruz, durante la guerra civil que tuvo lugar en México años después de obtener la independencia de España.

Juárez y firmó la llamada convención de la Soledad (19 de febrero de 1862), por la que el gobierno mexicano, aun declarando que se mantendría firme ante cualquier intento de revocación, aceptaba entrar en negociaciones.

La convención fue rechazada por Francia, ya que obstaculizaba su propósito con respecto a Maximiliano. Napoleón envió otro ejército a Veracruz, cuyos jefes, el general Lorenzez y el almirante Jurien de la Gravière, trataron de convencer a Prim y al jefe de los expedicionarios ingleses, sir Wike, de que los tres gobiernos aliados estaban de acuerdo con la candidatura del archiduque. No lo consiguieron, y el representante francés declaró que su expedición «es una expedición francesa y no está a las órdenes de nadie».

Las decisiones se confirmaron en la conferencia que tuvo lugar en Orizaba el 9 de abril, a partir de la cual se separaron las fuerzas inglesas y españolas, y Prim regresó a La Habana para no hacerse cómplice de la implantación en México de una monarquía que desaparecería «en cuanto dejaran de apuntalarla las bayonetas extranjeras».

La decisión de Prim fue muy personal y no contó en un principio con el beneplácito de O'Donnell, quien hubiese preferido una contemporización hasta que se llevase a cabo una negociación en Europa. Incluso parece ser que la reina Isabel II soñaba con la entronización de un infante español en México. Sin embargo, primero ésta y después el jefe del gobierno, comprendieron la honradez y la gallardía del general Prim, aprobando su actitud y felicitándole por su comportamiento.

Francia, que con motivo de estos incidentes retiró a su embajador en Madrid, continuó en solitario la aventura mexicana, consiguiendo al fin su propósito de coronar a Maximiliano, quien acabaría trágicamente su breve reinado, que le costó la vida, el 19 de junio de 1867.

La política de prestigio impulsada desde el gobierno por el general O'Donnell dio lugar también al episodio de la efímera reincorporación de Santo Domingo a la Corona española. Desde la paz de Basilea (1795), España había cedido a Francia la parte española de la isla, aunque sus habitantes nunca habían aceptado a sus nuevos dominadores. Constituida en república independiente en 1844, corría el peligro de ser absorbida por Haití, y en 1858 su titulado emperador, Faustino Soulouque, amenazó con invadir el territorio dominicano. Fue entonces cuando su presidente, Pedro Santana, pidió protección a los gobiernos de Madrid y de Washington. La ayuda de este último fue pronto descartada al conocerse su intención de apoderarse de la bahía dominicana de Samaná, y eso reforzó el acercamiento a España, a la que se pidió que aceptase el protectorado o la anexión de Santo Domingo.

O'Donnell no quería tomar una decisión precipitada, cuando se vio sorprendido por la decisión unilateral del gobierno dominicano de declarar como soberana a la reina Isabel II y anexionar la república «a la Corona de Castilla». Cerciorado del respaldo con que contaba tal decisión a través del capitán general de Cuba, el gobierno español, tras comprobar también la conformidad de las potencias europeas, decretó el 19 de marzo de 1861 la reincorporación a la monarquía del territorio que comprendía la República Dominicana. Santana fue nombrado capitán general, se creó una Audiencia y se organizó la Administración pública.

Los Estados Unidos nada pudieron hacer para impedir esta anexión, porque se hallaban atenazados por la Guerra de Secesión, pero en las otras repúblicas hispanoamericanas estos hechos fueron mal vistos. En el interior de Santo Domingo pronto comenzaron a alzarse también voces de protesta, que al poco tiempo se trocaron en brotes independentistas. Su represión se adivinaba dura y costosa, de ahí que se creara un estado de opinión favorable a la derogación del decreto de anexión. Narváez, a la sazón jefe del gobierno, era partidario del abandono de Santo Domingo, pero tropezaba con la negativa de la reina. Por fin, se presentó en las Cortes un proyecto de ley que derogaba el decreto de 1861, aunque las tropas españolas abandonaron la isla antes de que se llegase a su aprobación. El reconocimiento definitivo de la independencia de la república de Santo Domingo no se realizó hasta diciembre de 1874.

Por último, las expediciones a Perú y Chile hay que encajarlas también dentro de la misma línea que las intervenciones anteriores y son en gran parte consecuencia de los acontecimientos que se habían desarrollado en México y en Santo Domingo. Las relaciones de España con Perú habían seguido una trayectoria peculiar. Aquélla no había reconocido aún de forma expresa la independencia peruana, ni ésta había ratificado un acuerdo comercial con España que se había negociado en 1853. Sin embargo, ambas naciones habían intercambiado agentes consulares, y puede decirse que sus relaciones se habían mantenido de forma cordial. Las expediciones a México y a Santo Domingo levantaron ciertas suspicacias en el gobierno peruano, que fortificó sus puertos y se negó a admitir al vicecónsul español. El gobierno de Madrid quiso entonces hacer una demostración de fuerza y envió una escuadrilla formada por dos

Estatua ecuestre dedicada al general Juan Prim en la ciudad de Barcelona.

fragatas y dos goletas al Pacífico, que zarpó en 1862, siendo bien recibida en varios puertos.

Cuando se hallaba en El Callao ocurrieron unos incidentes que desataron el conflicto. Unos trabajadores españoles fueron asesinados y otros heridos, en una hacienda peruana, en extrañas circunstancias. Como las autoridades de aquel país no acertaban a castigar a los culpables, España había enviado a un comisario especial para investigar el asunto. Sin embargo, el comisario no fue reconocido por el gobierno peruano. Ante

Antonio Alcalá Galiano, político liberal activo durante los reinados de Fernando VII e Isabel II. (Museo Municipal, Cádiz.)

aquella actitud, el almirante Pinzón, que mandaba la escuadrilla española, tomó las islas Chinchas, que se hallaban frente a la embocadura del puerto limeño. La mediación de los encargados de Negocios de Francia, Inglaterra y Chile, pidiendo al almirante español que abandonase las islas y las dejase a la protección de sus respectivos gobiernos hasta que se solucionase el contencioso entre los dos países, no dio resultado. La escuadra española fue reforzada con cuatro fragatas más y Pinzón fue sustituido por el general Pareja, en diciembre de 1864. Pareja tomó el puerto de El Callao y consiguió que el gobierno peruano negociase un tratado con España en el que se comprometía a indemnizarle con tres millones de pesetas a cambio de la devolución de las islas.

El acuerdo no satisfizo a nadie, y un cambio de gobierno en Perú fue aprovechado por las nuevas autoridades para negarse a reconocer el tratado, firmar una alianza con Chile y declarar la guerra a España a comienzos de 1866. Los barcos españoles se habían dirigido a Valparaíso para pedir satisfacciones, pero sus condiciones eran muy precarias, ya que les era muy difícil abastecerse y no podían conseguir refugio en ningún lugar de la inmensa costa del Pacífico. El general Pareja se suicidó, y ocupó su lugar el brigadier Méndez Núñez, quien recibió órdenes de resistir en aquellas aguas. Bombardeó primero el puerto de Valparaíso, y el 2 de mayo entró en el puerto de El Callao, desde donde bombardeó sus fortificaciones sin atender las advertencias de la escuadra estadounidense, que se hallaba fondeada en las proximidades. Méndez Núñez fue herido en el combate y hubo numerosas bajas en las dotaciones de los barcos españoles. Ambas partes se atribuyeron la victoria y las relaciones se mantuvieron hostiles, hasta que en 1871 se firmó un armisticio entre España y las repúblicas de Perú, Ecuador y Chile.

Aquellas incursiones españolas en territorio americano demostraron una considerable falta de sensibilidad hacia los territorios de sus antiguas colonias, que entendieron la injerencia como una arrogante postura de la nación que no había acertado aún a asimilar el hecho de la independencia. Costó trabajo restañar las heridas que dejó esta política en las repúblicas americanas, y aunque se normalizaron las relaciones diplomáticas quedaría durante muchos años una cierta desconfianza hacia la actitud prepotente mostrada por la antigua metrópoli.

EL FINAL DEL REINADO DE ISABEL II

La caída de O'Donnell, el 2 de marzo de 1863, dio paso de nuevo a los moderados, que alternaron el poder con los unionistas hasta la caída de Isabel II en 1868. El marqués de Miraflores, que representaba un moderantismo de izquierda, sucedió al duque de Tetuán y se mantuvo en el poder hasta el 17 de enero de 1864. Su convocatoria de elecciones a Cortes fue tachada de atentatoria contra el derecho de reunión electoral por progresistas y demócratas, que alegaron la imposibilidad de salvar los obstáculos tradicionales para justificar su postura de retraimiento. No por ello se vio libre Miraflores de una fuerte oposición en las Cortes, integrada por moderados históricos y por unionistas, que consiguieron colocar en la presidencia a Ríos Rosas, el cual tuvo que dirigir unas tumultuosas sesiones en las que resultaba imposible tomar alguna decisión. El fracaso de este gobierno se resolvió con su sustitución por uno nuevo, presidido por Lorenzo Arrazola, un moderado histórico, conciliador, que tuvo que dimitir al mes y medio de haber sido nombrado, por no haber conseguido el decreto de disolución de las Cortes que pretendía. Alejandro Mon fue su sucesor, pero su gestión corrió la misma suerte que la de sus antecesores.

En esta danza continua de gobiernos, le tocó el turno a Narváez, cuando el partido progresista pareció encontrar el camino de una mayor cohesión y unidad bajo la jefatura de Prim, que arrastró consigo a algunas de las personas que habían militado en la Unión Liberal. Pero los intentos de construir un sistema bipartidista, alentados por la reina madre María Cristina, no podían prosperar por la persistencia de facciones irreconciliables y por los cabildeos palaciegos, que seguían ejerciendo una sustancial influencia en el desarrollo de la vida política.

Narváez seguía resolviendo problemas a golpe de espada, como ocurrió con ocasión de las manifestaciones estudiantiles que tuvieron lugar del 8 al 10 de abril de 1865. Los estudiantes mostraron su protesta por la destitución de Castelar de su cátedra por haber publicado un artículo («El rasgo») aludiendo a la cesión que hizo la reina de una parte del real patrimonio para atender a las dificultades de la Hacienda. El Ejército reprimió con dureza las algaradas callejeras, con el consiguiente escándalo de la oposición y con la indignación de la opinión pública. Hasta el Ayuntamiento y la Diputación de Madrid dimitieron por aquellos sucesos de la noche de San Daniel, y Alcalá Galiano, el antiguo liberal revolucionario, que en aquellos momentos desempeñaba la cartera de Fomento, se vio tan afectado por ellos que murió víctima de la impresión.

Coronación, óleo de López Piquer en el que Manuel José Quintana es laureado por Isabel II.

Criticado por todos, y cada vez con menos apoyos dentro del Ejército, la reina cesó a Narváez y le sustituyó por O'Donnell, quien formó gobierno el 21 de junio. Sus esfuerzos por reimplantar el programa de la Unión

Representación de la quema de banderas en la Puerta del Sol de Madrid, durante la revolución de 1868. (Museo Municipal, Madrid.)

Liberal no tenían ya objeto, pues los progresistas que le habían apoyado anteriormente no estaban dispuestos a escucharle ahora, a pesar de las medidas que aprobó para rehabilitar a los catedráticos separados, para liberalizar la prensa o para flexibilizar los procedimientos electorales. Los progresistas habían pasado ya del retraimiento a la actitud revolucionaria, y Prim intentó sin suerte, a comienzos de 1866, sublevarse contra el gobierno al frente de algunas fuerzas.

El 22 de junio la sublevación corrió a cargo de los sargentos de artillería de San Gil, disconformes con las medidas que les impedían el ascenso a la oficialidad hasta el grado de comandantes, como ocurría en Infantería. Alentados por los demócratas, atentos siempre a cualquier brote de subversión, los sargentos intentaron apoderarse del Ministerio de la Gobernación para establecer allí un gobierno provisional, pero la resistencia de las fuerzas que lo protegían frustró el asalto. Refugiados en el cuartel de San Gil fueron sometidos, tras una dura pelea, por las tropas mandadas por el general Serrano. El gobierno ordenó el fusilamiento de 66 insurrectos, a pesar de que Francisco Silvela pidiese en el Congreso que «la sagrada prerrogativa de la gracia empiece a templar la severidad de la justicia». O'Donnell perdió la confianza de la reina y fue obligado a dimitir. Su resentimiento le hizo exclamar que no volvería a pisar Palacio mientras reinase Isabel II.

El 10 de julio de 1866 Narváez formó su sexto y último gobierno, y se sostendría ya en el poder hasta su muerte, el 23 de abril de 1868. Su gestión estuvo condicionada por el temor a la revolución que se adivinaba y en la que trabajaban activamente los más importantes miembros de la oposición. A las pocas semanas de su toma de posesión se reunieron en Ostende progresistas y demócratas para acordar la caída del régimen. Mediante el pacto de Ostende, firmado entre otros por Prim, Sagasta, Pierrad y Ruiz Zorrilla, se acordó «destruir todo lo existente en las altas esferas del poder» y la elección de una asamblea constituyente por sufragio universal para que determinase la forma de gobierno que habría de establecerse en el país. Se creó un centro revolucionario permanente en Bruselas, a cuyo frente se situó el general Prim, quien preparó un golpe para el mes de agosto del año siguiente.

Al grito de «¡Abajo lo existente!», algunos militares iniciaron el levantamiento en Cataluña, en Aragón, en algunos puntos de la provincia de Cuenca, en Béjar y en las cercanías de Madrid. Sin embargo, el gobierno se movió con rapidez para reprimir estos intentos que, de todas formas, contaron con escaso apoyo. Prim, que había acudido a Valencia para dirigir desde allí la insurrección, se encontró con la negativa a colaborar con él de algunos militares comprometidos que se mostraron en desacuerdo con la abolición de las quintas, incluida en el programa revolucionario. Prim regresó a Marsella y desde allí marchó a los Pirineos, donde esperó inútilmente a las fuerzas que debían ayudarle a atravesar la frontera. La intentona había fracasado.

La política de Narváez, gobernando sin las Cortes y practicando un acusado despotismo militar, provocó deserciones hasta en el seno de la familia real. El infante Enrique, desde París, denunció en la prensa la situación que se vivía en España, «donde el régimen de persecución y de terror ha sustituido a los más sagrados derechos y a las importantes garantías de la Constitución». Esas manifestaciones le costaron la suspensión del tratamiento de infante y de todos los honores de que disfrutaba. Por su parte, el duque de Montpensier le hizo presente a la reina, a través de su hermana, la necesidad de cambiar la política practicada por el gobierno, en el sentido de una mayor liberalización. La negativa de Isabel II a prestar oídos a estas advertencias de sus hermanos inclinó a éstos al bando de la revolución. Fernández de Córdova comunicó a los duques de Montpensier, en diciembre de 1867, en el palacio de Sevilla, que algunos generales, como Serrano y Dulce, obrarían con energía para colocarlos a ellos en el trono si éste quedase vacante.

No obstante, la deserción más determinante fue la de O'Donnell y los unionistas. El duque de Tetuán retiró su apoyo al régimen en razón de los agravios cometidos por la reina, pero se negó a «desenvainar la espada contra ella». Sin embargo, cuando tras el fallecimiento de Narváez fue nombrado primer ministro González Bravo, un civil que empleaba también la mano dura, pero sin el prestigio y la autoridad de que había disfrutado *El Espadón de Loja*, otros generales unionistas se mostraron dispuestos a pronunciarse. Para alejar a los sediciosos, el gobierno envió al destierro a Canarias a los generales Serrano, Dulce, Serrano Bedoya y Caballero de Rodas; a Lugo, al general Zavala; a Soria, a Fernández de Córdova, y a Baleares, a Echagüe.

Los duques de Montpensier fueron expulsados de España para que su presencia «no pudiera contribuir a fomentar la conspiración». Pero estas medidas fueron contraproducentes, pues algunos militares se sumaron a la conspiración por solidaridad con sus compañeros. La única diferencia que separaba a los unionistas de los progresistas era el candidato de aquéllos, el duque de Montpensier, a quien Prim no estaba dispuesto a aceptar, ya

Litografía de N. González con la representación de una escena del pronunciamiento de Cádiz de 1868. (Biblioteca Nacional, Madrid.)

Óleo de Antonio María Esquivel Suárez, realizado en 1842 y dedicado a su amigo (a quien retrata), el poeta y dramaturgo José Zorrilla y Morral, figura del romanticismo español. (Biblioteca Nacional, Madrid.)

que, según él, apoyar a un Orleans le granjearía la hostilidad de Napoleón III. La cuestión se solventó, al igual que con los demócratas, con la relegación de la decisión sobre el régimen a establecer a una asamblea constituyente.

El frente revolucionario ya estaba formado. Progresistas, unionistas y demócratas se unieron bajo el propósito común de derribar a la monarquía de Isabel II. La coalición no era sólida, pues Prim desconfiaba de los demócratas después del fracaso del año anterior, y los progresistas veían con recelo a los generales unionistas. No obstante, como afirmaba Olózaga, «había un obstáculo que era preciso derribar, y no era posible derribarlo sin el concurso de todos». La revolución se inició con un pronunciamiento naval en Cádiz y triunfaría en su propósito de destronar a la dinastía de los Borbón.

LA CULTURA: DEL ROMANTICISMO AL REALISMO

Desde un punto de vista cultural, este período, que abarca el segundo tercio del siglo XIX, está presidido por el romanticismo, un fenómeno complejo, tanto por sus orígenes como por la diversidad de sus manifestaciones.

El romanticismo ha sido definido como un modo de ser y de actuar ante la realidad, como una rebeldía frente a las rígidas normas del clasicismo imperante hasta entonces, como una llamada a la libertad y una exaltación del individualismo. En Inglaterra y en Alemania los síntomas de este nuevo movimiento aparecen en el tránsito del siglo XVIII al XIX, y se reflejan en el amor por la naturaleza, en el interés por la literatura y las leyendas medievales y por la poesía popular. En Francia, el triunfo del romanticismo lo señaló el ruidoso estreno de *Hernani*, de Victor Hugo, el 25 de febrero de 1830.

En España, el análisis del fenómeno del romanticismo ha dado lugar a numerosas interpretaciones y ha provocado múltiples debates. Para el autor inglés Allison Peers, no se trata de un movimiento importado que haya surgido como consecuencia de la irrupción de una moda europea traída por los españoles que tuvieron que vivir en el exilio en Francia o en Inglaterra durante la última etapa del reinado de Fernando VII. El romanticismo sería en nuestro país más bien la resurrección de algo propio, que formaba parte consustancial con su historia, su arte y su literatura y que, por consiguiente, no fue impuesto desde fuera.

Vicente Llorens, por el contrario, ha destacado la importancia del papel que desempeñó la emigración política liberal en la llegada del romanticismo a España. Siguiendo esta línea, Iris Zavala ha puesto de manifiesto también la influencia que ejerció el romanticismo inglés a través de Blanco White, Alcalá Galiano y José Joaquín de Mora. Ahora bien, este fenómeno no sólo afectó a la literatura: la música y las artes plásticas corren íntimamente entrelazadas con ella durante este período, aunque Hans Jurechtske ha señalado la desconexión que existe entre los estudios de estos diferentes terrenos de la cultura. Lo que sí se produce en España, y en eso hay perfecto acuerdo entre los críticos, es un cierto desfase entre el romanticismo en sus aspectos políticos y sociales y el romanticismo como manifestación cultural. De todas formas, se trata de un fenómeno cuyos límites cronológicos podrían situarse en España entre la muerte de Fernando VII y los años centrales del siglo.

El estreno de *Don Álvaro o la fuerza del sino,* del duque de Rivas, en 1835, puede considerarse como el triunfo de la revolución romántica en España. Esta obra, situada en el siglo XVIII, relata los amores apasionados de un mestizo peruano con una sevillana, con el trágico final de la muerte violenta de ambos. Un año antes se había estrenado en Madrid la obra de Francisco Martínez de la Rosa *La conjuración de Venecia,* que el autor y político granadino había escrito durante su destierro en París. Este melodrama se desarrolla en 1310, y trata de una conspiración de unos nobles venecianos contra el gobierno despótico que padecen. Significa, en definitiva, el triunfo de la razón de Estado sobre el individuo, lo cual supone en el fondo un planteamiento conservador dentro del liberalismo. Sin embargo, en la escena se desatan pasiones, se muestran escenas sepulcrales, hay horrores, tormentos, es decir, todos los elementos efectistas propios de la representación romántica.

Los amantes de Teruel, de Eugenio Hartzenbusch, o *El trovador,* de García Gutiérrez, representan también el mejor drama romántico de la época, con todos los ingredientes de amores apasionados, trágicas muertes y sentimientos exaltados. Cómo no incluir también en esta apretada relación el celebérrimo *Don Juan Tenorio,* de José Zorrilla, que, estrenado el 28 de marzo de 1844, es el único drama romántico que ha seguido representándose hasta nuestros días. El éxito que esta obra obtuvo entonces ha sido explicado en razón de la reprimida vida erótica del español de la clase media. «Para aquella nueva clase media de la época romántica la aventura de Don Juan resultaba maravillosa, aunque fuese inverosímil», señala Vicente Llorens. Pero lo cierto es que nadie como Zorrilla elevó para siempre a la categoría de leyenda el personaje de Don Juan.

LA LITERATURA

La narrativa presenta en este período dos tendencias características: la novela histórica, en la que se deja notar la influencia de Walter Scott, y los relatos costumbristas. Dentro de la primera de estas tendencias hay que destacar a Manuel Fernández y González, quien consiguió popularizar de forma extraordinaria sus relatos. Entre los costumbristas, una de las figuras señeras es Mesonero Romanos, quien en su *Panorama matritense,* por ejemplo, trazaba de forma colorista y con humor los rasgos más vivos de la capital de España. En Andalucía, Serafín Estébanez Calderón representa la estética de lo pintoresco, aunque hay que señalar que ni él ni Mesonero llegaron a adentrarse en la complejidad de una auténtica novela en todo su desarrollo.

Distinto era el costumbrismo de Mariano José de Larra, una de las figuras de la literatura española de la época y uno de los ejemplos más vivos del escritor romántico en lo que se refiere a su trayectoria vital y, sobre todo, en las circunstancias de su trágico suicidio. Larra cultivó el drama histórico, pero lo más interesante de él es la sátira y el artículo periodístico. En su obra, Larra no busca simplemente lo pintoresco en sus descripciones, sino que su visión es más penetrante y su expresión más rica y ajustada que la de sus coetáneos. Se basaba en el principio de que «la literatura es la expresión, el termómetro verdadero

Retrato anónimo del escritor y político español Ángel Saavedra Ramírez, duque de Rivas.

El poeta Gustavo Adolfo Bécquer, representante del romanticismo español, retratado por su hermano José.

de la civilización de un pueblo». Estaba convencido de que como escritor tenía una misión que cumplir en la sociedad de su tiempo y aunque sabía que «escribir en Madrid es llorar», no renunció a la tarea de la creación literaria, en cuyo trasfondo puede encontrarse siempre una preocupación nacional.

El género de la poesía lírica es el que mejor permite expresar todo lo que el romanticismo encerraba de exaltación de las pasiones, de sentimiento de rebeldía contra el orden establecido y, sobre todo, de estética de lo individual. En este dominio, Espronceda se nos revela como el ejemplo paradigmático del poeta romántico. Hondamente comprometido con la lucha política de su tiempo, huyó de España en 1827 para establecerse en Inglaterra y posteriormente en Francia. Allí participó en las luchas de las barricadas de París que acabarían por hacer triunfar la monarquía de Luis Felipe de Orleans. Tomó parte activa en una intentona liberal para derribar a Fernando VII en la frontera de los Pirineos, y a su vuelta a España fundó el periódico *El Siglo*, desde el que mantuvo una postura militante en los temas políticos. Murió a los treinta y cuatro años, cuando era diputado a Cortes.

Los poemas de Espronceda *El estudiante de Salamanca* y *El diablo mundo* son, quizá, lo más interesante de su obra, en la que se deja notar la gran influencia de Byron. Una mezcla de lenguaje de delirio lírico con jerga barriobajera y de taberna; trazos de sentimentalismo propios de la novela rosa, mezclados con aspectos fúnebres y tenebrosos característicos de la novela negra.

Algo posteriores en el tiempo son Ramón de Campoamor y Gustavo Adolfo Bécquer. Del primero apareció en 1846 su libro de poesías *Doloras* que alcanzó un gran éxito entre la juventud. Por su lenguaje coloquial, sin el énfasis verborreico de los románticos de los años treinta, Campoamor señalaba un nuevo camino de la lírica española. En cuanto a Bécquer, sin duda el poeta más popular de nuestro siglo XIX, ha sido clasificado como neorromántico, como posromántico, y también como «el romántico más grande y más puro del siglo XIX español». Sus *Rimas* y *Leyendas* dieron al lenguaje del romanticismo una mayor claridad y una mayor riqueza imaginativa. Su influencia se dejó sentir en la poesía posterior de Rafael Alberti y de Juan Ramón Jiménez.

En esta panorámica de la lírica española de la época no pueden dejar de citarse nombres como los de Rosalía de Castro en Galicia, Buenaventura Aribau y Jacinto Verdaguer en Cataluña y Carolina Coronado en Extremadura.

Aunque la corriente romántica no acabó de apagarse del todo, el realismo fue ganando terreno por su concepto de una literatura útil al progreso social. Frente al romanticismo, el realismo preconizaba la observación de la realidad para plasmarla con certera fidelidad. En Francia, el vértice que señala la frontera entre el romanticismo y el realismo, se sitúa en la revolución de 1848. A partir de entonces, esta corriente, que tiende hacia lo concreto, hacia la realidad constatable, se ve acompañada por el positivismo, un sistema filosófico que se basa en el método experimental y que se niega a aceptar toda la verdad que no pueda ser demostrada mediante la observación directa del mundo sensible. Ello dio lugar a notables avances en las ciencias de la naturaleza que propician una cada vez más sólida confianza en el futuro y en el progreso indefinido de la humanidad. Este optimismo vital se refleja también en la literatura, en el arte, en la historia e incluso en la religión. El utilitarismo, el empirismo, el recurso al sentido común son actitudes típicamente burguesas, que alcanzan su apogeo cuando también lo hacen en España las clases medias.

La observación de la realidad social, las costumbres, la caracterización de los tipos madrileños o andaluces, no ya con un espíritu crítico ni mediante la sátira mordaz, como hacía Larra, sino con una postura benevolente y de complacencia, serán los temas que dominen en la literatura española a partir de mediados del siglo XIX. Balzac había afirmado en el prólogo de *La comedia humana* (1842) que la novela debía reflejar la imagen del presente, ser como una especie de crónica de la sociedad de su tiempo. Balzac abrió así el camino de la novela moderna que siguieron después Dickens, Dostoievski, Flaubert, Zola, Tolstoi y tantos otros.

En España esta nueva narrativa arraigó primero en los folletines publicados de la prensa social, en los que se describía el nuevo marco urbano, con las miserias de los bajos fondos y los ambientes sórdidos de los suburbios donde se hacinaban los trabajadores industriales. Este mundo se contraponía al de los ricos, y entre ambos se tramaban historias melodramáticas, en las que con frecuencia salía malparado

Retrato de la escritora Cecilia Böhl de Faber, conocida como Fernán Caballero.

el aristócrata poderoso y triunfaba el oprimido.

Frente a este tipo de realismo social, Fernán Caballero (su verdadero nombre era el de Cecilia Böhl de Faber) representa una narrativa realista desde una óptica distinta. Rechaza ese afán por describir los aspectos más negros de una sociedad para presentar unos cuadros idílicos de la vida andaluza en la que trabajadores y poderosos viven en perfecta armonía bajo la misma devoción religiosa y apegados a las antiguas costumbres. *La gaviota, La familia Albareda* y *Un verano en Bornos* son algunas de sus obras en las que la calidad literaria le permitió sobresalir entre los otros novelistas de la época. Fernán Caballero aportó a la narrativa española la captación de costumbres y tradiciones del pueblo, así como de los detalles de la vida cotidiana. No obstante, algunos críticos la han calificado de empalagosa y moralista.

Al final del reinado de Isabel II y en el Sexenio Revolucionario comienzan a aparecer nombres en la narrativa española, cuya producción más importante se realizaría ya en la época de la Restauración. Entre ellos, José

María de Pereda, Pedro Antonio de Alarcón y, el entonces muy joven, Benito Pérez Galdós, que comenzaba por aquellos años a escribir sus crónicas madrileñas.

La mayor parte de los escritores que aquí se han relacionado se iniciaron en la prensa, en la que siguieron colaborando posteriormente. La prensa, y sobre todo la prensa política, se desarrolló extraordinariamente a partir de 1837. La capital de España era la que acogía a un mayor número de periódicos, que llegó a alcanzar la cifra de 27.

Retrato de Isabel II realizado por Federico Madrazo. (Instituto de España, Madrid.)

En el resto del país, en su conjunto, se publicaban alrededor de treinta periódicos. La profesión periodística no sólo se convirtió en una plataforma importante para saltar a la carrera política, desde el punto y hora en que se convirtió verdaderamente en el cuarto poder, sino que sirvió también a muchos escritores para obtener los recursos económicos que el simple cultivo de las letras no podía ofrecer. *El Eco del Comercio, La Abeja, El Español* y *El Siglo*, en Madrid, y *El Vapor* y *La Guardia Nacional*, en Barcelona, eran algunos de los periódicos más importantes en la época isabelina.

Durante el Sexenio Revolucionario se produjo una proliferación de periódicos y revistas, pero de escasa entidad y con una proyección social bastante limitada. La multiplicación de periódicos llevó consigo una disminución de las tiradas y condujo a la existencia de una prensa leída exclusivamente por el reducido círculo de convencidos de las ideas que profesaba.

LAS ARTES PLÁSTICAS

En el terreno de las artes plásticas domina también, en el período comprendido entre la regencia de María Cristina y el final del reinado de Isabel II, la corriente romántica. En la pintura, el precedente inmediato de esta corriente está representado por la figura de Francisco de Goya, el pintor más genial de todo el siglo XIX. El romanticismo en la pintura se caracteriza por su interés por la historia y por su afán por lo literario. Se acentúa en estos años lo pintoresco y lo típico y se arrinconan los temas religiosos. Sobresale en este terreno la escuela costumbrista sevillana, representada por la familia Bécquer, cuyo elemento más destacado, Valeriano, busca fuera del ambiente de la Giralda nuevos modos de expresión. Es necesario mencionar también a Antonio María Esquivel Suárez de Urbina, a quien puede considerarse, por su trayectoria artística, el nexo de unión entre la escuela sevillana y la madrileña. Su aportación más destacada la constituye la serie de retratos de personajes políticos de la época: Espartero, Mendizábal, Joaquín María López y muchos otros.

En la capital de España, Leonardo Alenza y Eugenio Lucas y Padilla figuran entre los artistas más interesantes del romanticismo español. La producción más importante de ambos pintores aparece en las dos últimas décadas del reinado de Isabel II. Sin embargo, fue más conocido Federico Madrazo, a quien se le ha llegado a

Fuente de la ermita de Ávila, pintura de Valeriano Domínguez Bécquer. (Museo Romántico, Madrid.)

considerar como el pintor que mejor representa el arte oficial del reinado.

Sin que pueda hablarse de una escuela paisajística española romántica, existen una serie de individualidades con algunas características comunes. El pintor más sobresaliente en este sentido es Jenaro Pérez Villaamil. Muy influido por el pintor escocés David Roberts, a quien conoció en Sevilla, desarrolló la mayor parte de su obra en Madrid, aunque una de sus producciones más conocidas, las ilustraciones de la obra *España artística y monumental*, fue publicada en París. Su pintura era muy del agrado de la nueva burguesía, con cuadros generalmente de pequeño formato y de un estilo fino y amable, ejecutados con facilidad y maestría, y de un dibujo elegante. De parecidos rasgos son también los paisajes de Antonio Brugada, Vicente Camarón y Antonio Lucas Vázquez, quienes ejecutan sus obras más importantes en pleno reinado de Isabel II. En Barcelona, Luis Rigalt, hijo del también pintor Pablo Rigalt, cultivó asimismo el paisaje, con ruinas de monumentos históricos incluidas, utilizando preferentemente las técnicas de la acuarela y el dibujo.

Desde mediados de la centuria, además de la pintura romántica paisajística y costumbrista, aparecen tendencias realistas en las que predomina también la temática de cuestiones

Palacio del Congreso de los Diputados inaugurado por Isabel II en 1850. (Biblioteca Nacional, Madrid.)

históricas. Mariano Fortuny, que fue comisionado para marchar a África con el general Prim para realizar una especie de crónica gráfica de la guerra de Marruecos, fue el que alcanzó una mayor fama y éxito comercial. Eduardo Cano, José Casado del Alisal, con sus conocidas obras *La rendición de Bailén* y *La campana de Huesca*, o Antonio Gisbert, con su famoso cuadro *El fusilamiento de Torrijos y sus compañeros*, son, sin duda, algunos de los representantes más destacados de esta escuela de pintura histórica que va alejándose cada vez más de la escenificación romántica para buscar la realidad fría y objetiva, junto con la perfección del dibujo y la ordenación de la composición. En este sentido, no debemos olvidar a Eduardo Rosales, a quien algunos críticos lo consideran como la cumbre del género. Su obra quizá más conocida, *El testamento de Isabel la Católica*, que fue primera medalla de oro en la Exposición Nacional de 1864, nos ofrece una pintura solemne y grandiosa, en la que el color va ganando primacía al dibujo en la concepción de cada una de sus obras.

En el campo de la escultura, la influencia de lo romántico en contraposición a lo neoclásico no resulta fácilmente detectable, quizá porque es un arte que se presta menos a reflejar lo que el espíritu romántico quería verdaderamente expresar. Así pues, la escultura de este período aparece con unos perfiles más conservadores que la pintura o la literatura. Los nombres de Ponciano Ponzano, José Grajera y los hermanos Bellver sobresalen en el panorama escultórico de la época, sin que puedan señalarse en su obra rasgos o características que permitan definir su obra como esencialmente romántica. El retrato fue el género preferido de los escultores que desarrollaron su arte durante la época isabelina y, por otra parte, la escultura religiosa dio paso a la escultura urbana, que comenzó a presidir parques y paseos.

Por su parte, la arquitectura experimenta en el tramo central del siglo XIX un gran desarrollo, impulsada por la iniciativa oficial y también por la aristocracia, que construye palacios y residencias en los grandes centros urbanos. En estas obras predomina una base clasicista, a partir de la cual los arquitectos se toman una serie de licencias un tanto heterodoxas que tienen como finalidad aligerar y agilizar los pesados y macizos edificios del período anterior. El palacio del Congreso de los Diputados y el Teatro Real en Madrid son los edificios más representativos de la época isabelina.

El primero de ellos se construyó en el solar del antiguo templo del Espíritu Santo, según el proyecto del arquitecto valenciano Narciso Pascual Colomer, y fue inaugurado por la reina Isabel II el 31 de octubre de 1850. Los dos leones de la fachada, realizados por el escultor Ponzano, autor

también de las figuras del tímpano del frontón, fueron fundidos, con el bronce de los cañones tomados al enemigo en la Guerra de África, en la Fábrica de la Real Maestranza de Artillería de Sevilla. El Teatro Real, cuyo primer proyecto databa de 1818, fue inaugurado el 19 de noviembre de 1850 con la ópera *La Favorita*, de Donizetti. El edificio de la Biblioteca Nacional, o Palacio de Bibliotecas y Museos, como también se le conocía, se proyectó en las postrimerías del reinado de Isabel II, aunque su construcción no se culminó hasta 1884.

Expresión genuina del ascenso de la burguesía catalana en este período es el edificio del Liceo de Barcelona, donde se reunía lo mejor de la sociedad para presenciar las representaciones de ópera, que hacían furor en la España de entonces. El teatro fue construido según el proyecto del arquitecto Miguel Garriga y Roca, y su fachada se concluyó en 1862.

Desde el punto de vista urbanístico, uno de los aspectos más interesantes de este período del reinado de Isabel II es el de los ensanches de Madrid y Barcelona, proyectados por los ingenieros Carlos Marís de Castro e Ildefonso Cerdá, respectivamente. También se dictaron medidas encaminadas a romper el dogal que suponía para la expansión de muchas ciudades españolas las antiguas murallas. Con este motivo se cometieron irreparables atrocidades, ya que se destruyeron importantes restos monumentales que testimoniaban la riqueza histórica de algunos centros urbanos españoles. La modernización de las ciudades se vio favorecida también por las medidas desamortizadoras de Mendizábal, que permitieron abrir calles y parques públicos en los solares que antes ocupaban edificios religiosos. No olvidemos que es precisamente en esta época cuando comienza a incrementarse considerablemente el tráfico rodado en las ciudades y hay

En 1855 se empezó el derribo de las murallas de Barcelona y a lo largo de la segunda mitad del siglo XIX se llevó a cabo el ensanche urbano. (Vista de las Ramblas; Museu d'Història de la Ciutat, Barcelona.)

Tipos madrileños en la Puerta del Sol antes del derribo, pintura de Ramón Cortés.

que buscar soluciones a las dificultades que ofrecía el trazado antiguo de las calles. En Madrid, la nueva configuración de la Puerta del Sol data de los últimos años del reinado de Isabel II. La Plaza Real de Barcelona también fue objeto de actuaciones a partir de 1848, y sus murallas fueron derribadas en 1854. San Sebastián, Bilbao y Sevilla fueron también objeto de importantes reformas urbanísticas, que se vieron acompañadas de obras para la mejora de las condiciones de vida, como la traída de aguas o la construcción de alcantarillados.

LA MÚSICA

No puede estar completa una visión de la vida cultural y artística de la España de los años centrales del siglo XIX sin una referencia a la música de este período. Federico Sopeña ha destacado la afición entre la burguesía isabelina por la ópera italiana, que en Madrid se representaba en los viejos teatros del Príncipe y de la Cruz, y en Barcelona en el teatro del Liceo. Rossini, Bellini, Donizetti y las primeras obras de Verdi tenían gran acogida entre los aficionados de ambas capitales. Hilarión Eslava, a través del conservatorio madrileño, fomentaba este gusto por la música italiana y contribuyó eficazmente a difundir la enseñanza de la música en general, mediante unos planes de estudio y una metodología bien concebidos.

Pero frente al gusto italianizante de la burguesía más refinada, se difundió también por esta época la zarzuela. Francisco Barbieri estrenó en 1864 *Pan y toros,* obra con la que se iniciaba el género casticista, con un lenguaje callejero y una música pegadiza. Ese llamado «género chico» alcanzó a sectores más populares, aunque los títulos que se estrenaron en esos años fueron efímeros y se mantuvieron poco en cartel. Las zarzuelas verdaderamente populares y que consiguieron superar el paso del tiempo no aparecerían hasta finales de siglo.

Como contraste a este panorama, la música instrumental suscitaba por estos años bastante menos interés. Apenas se celebraban conciertos. Las grandes sinfonías de Beethoven, Haydn o Mozart llegaron con mucho retraso a España y, desde luego, contaron sólo con un público reducido y selecto. No obstante, en el reinado de Amadeo de Saboya se pusieron de moda los conciertos en Palacio y, por extensión, también en algunas casas elegantes, donde se organizaban veladas para la buena sociedad. Pero no abundaban los buenos intérpretes, y si eran escasos los instrumentistas y las orquestas de calidad, en el terreno de la composición el panorama era de una absoluta pobreza, cosa que tampoco significaba una novedad en la trayectoria general de la creación musical española.

El Sexenio Revolucionario (1868-1874)

El historiador M. Fernández Almagro afirmó en una ocasión que la revolución española de 1868 era el eco de la revolución europea de 1848. No obstante, aunque evidentemente haya en ambas ciertos rasgos comunes –barricadas, participación del estudiantado por primera vez, discrepancia en los objetivos de la burguesía y el proletariado– son muchos veinte años para poder hablar de «eco». Por otra parte, en España también se dio la revolución de 1848, aunque, como hemos visto, fue rápidamente sometida por la eficaz intervención de Narváez. J. L. Comellas prefiere incluir la revolución de 1868 en un nuevo ciclo revolucionario, que se da en todo el mundo alrededor de los años setenta y que, según él, señala el paso entre la Alta y la Baja Edad Contemporánea. En efecto, en ese momento despuntan una nueva España y unos nuevos españoles. Una nueva generación que Vicens Vives concebía como una generación europeísta, culturalista, democrática, provista de un dinamismo especial, en la que se funden las ideas de libertad y progreso. Para Vicens, esta generación posee un bagaje intelectual mucho más amplio que la generación romántica anterior, y de ahí su carácter doctrinal y programático. Con ella se consagra, por otra parte, el tipo de político civil, jurista y especializado, y desaparece en poco tiempo el político temperamental y militar de la era isabelina.

Óleo de J. M. Rodríguez de Losada en el que se representa la batalla de Alcolea, hecho acaecido en 1868 en las cercanías de Córdoba y en el cual se decidió el triunfo de la revolución de 1868. (Real Academia de la Historia, Madrid.)

De todas formas, aunque sea inadecuada la comparación, a la revolución española de 1868 se le puede aplicar el esquema de la de 1848, tan magníficamente establecido por el historiador francés Ernest Labrousse, aunque con algunos reparos, según N. Sánchez Albornoz, como veremos más adelante. La idea central de Labrousse, expuesta en un trabajo presentado al congreso conmemorativo de aquella revolución europea, es la de que una revolución típica nace de un triple haz de factores políticos, sociales y económicos: «La crisis económica da a la crisis política una fuerza social».

La crisis política era ya claramente perceptible antes de que estallase la crisis de 1868. El reinado de Isabel II se basaba en un sistema constitucional en el que la Constitución no se cumplía y en el que la representación prácticamente no existía. De los dos partidos que funcionaban dentro del sistema, era el moderado el que, por su mayor poder social y económico, así como por la indisimulada simpatía y sistemático apoyo de la reina Isabel II, prácticamente monopolizaba el poder. Los progresistas habían tenido que limitarse a permanecer pacientemente en la oposición y a utilizar el golpe de Estado o el pronunciamiento para acceder al poder. La revolución de 1854 permitió la aparición de un tercer partido, la Unión Liberal, que pretendía la aglutinación de los dos grupos contrapuestos, aunque lo que consiguió realmente fue la formación de un nuevo grupo de carácter centrista. Pero la vaciedad de su contenido ideológico y su falta de doctrina concreta, terminaría con su rápida disolución, dejando la situación, de nuevo, a merced del moderantismo. Por otra parte, identificados en sus propósitos y con similares intereses, el trono de Isabel II y el partido moderado, apoyándose mutuamente como se apoyaban, aquella revolución que consiguiese al fin derribar a los moderados del poder, derribaría también a la propia monarquía.

Dibujo caricaturesco publicado en el año 1850, al pie del cual se puede leer: «Sí, Señor Excelentísimo, diputado por la Nación, pero más particularmente, diputado por mi familia». (Biblioteca Nacional, Madrid.)

El partido moderado, después de más de veinte años de disfrute del poder, se hallaba considerablemente desgastado, sin nuevas figuras que hubiesen renovado a los tradicionales líderes, y sin nuevas ideas en su programa, y además, desprestigiado por una defectuosa administración, un centralismo falto de agilidad y bastante inoperante, y unos negocios económicos nada claros y por los escándalos palaciegos.

Pero, por otro lado, hay que tener también en cuenta los factores nuevos, positivos, que van a imprimir a la revolución caracteres que desbordan a los de una simple protesta. Sin duda, porque son factores que nacen no ya del descontento contra los moderados, sino del descontento contra los progresistas. Ya hemos visto cómo nació el partido demócrata en 1849, como consecuencia de la escisión que se produjo en el equipo progresista con motivo de la revolución del año anterior, entre los partidarios de una actitud más radical y los prudentes. Aquéllos, los futuros demócratas, no alcanzarían un cierto peso específico en el panorama político español hasta el año 1854, cuando se dieron cuenta de que la diferencia entre el progresismo y el moderantismo era más de forma que de fondo.

Los demócratas basaban su programa en tres principios fundamentales: 1) la estricta soberanía nacional; 2) la proclamación enfática de los derechos del hombre «indiscutibles, inalienables, imprescriptibles e ilegislables»; 3) el sufragio universal; el contenido doctrinal de este partido lo proporcionó el ambiente universitario de aquel tiempo. En los años sesenta aparecieron los «demócratas de cátedra», como los llamó Menéndez Pelayo, y fueron las doctrinas krausistas, traídas a la universidad española desde Alemania por Sanz del Río, con su rígida moral social, con su ética de comportamiento, con su austeridad personal, las que adoptaron muchos de estos nuevos elementos de la generación del 68 en su modo de enfrentarse con la realidad social, cultural y política de España. De esa forma fue cómo llegó a configurarse un nuevo movimiento político que proporcionó a la

Imagen de la ciudad de Barcelona en septiembre de 1868, durante la revolución que acabó con el reinado de Isabel II y dio paso al Sexenio Revolucionario.

Litografía en viñetas sobre la revolución de 1868, cuyas causas fueron el deterioro político del régimen, abandonado por todos los partidos, excepto por el moderado, y la gran crisis agraria y financiera que asolaba el país. (Biblioteca Nacional, Madrid.)

revolución de 1868 un contenido doctrinal del que habían carecido otras revoluciones españolas desde 1812.

LOS ORÍGENES DE LA REVOLUCIÓN

¿Cuáles fueron los grupos sociales que participaron de alguna manera en la revolución de 1868? ¿Qué crisis social tiene su reflejo en el estallido de «La Gloriosa»? El partido demócrata, excepto en lo que se refiere al núcleo originario procedente del progresismo, comprende grupos e intereses nuevos, o que al menos no se habían integrado en la maquinaria política puesta en marcha por la monarquía isabelina. Su composición social no era, sin embargo, muy diferente de la de los otros grupos políticos. En todo caso, podría hablarse de «pequeña burguesía», comprendiendo en ella, como hace Hennessy, a los hombres de profesiones liberales, médicos, universitarios, periodistas, maestros y muy escasos pequeños negociantes.

En cuanto a los militares, es necesario advertir la pérdida de su carácter aristocratizante y el hecho de que en sus filas comiencen a abundar elementos de la media o baja burguesía, a partir, sobre todo, de la segunda mitad del siglo XIX. No olvidemos, como señala Comellas, que fue el ejército bajo burgués alejado de los salones, el que materializó la revolución de 1868.

Sin embargo, si pretendiésemos explicar desde un punto de vista social la revolución de 1868 mediante una contraposición entre la alta y la baja burguesía, estaríamos incurriendo en una errónea simplificación, aunque ello exprese en cierta medida la dualidad de fuerzas enfrentadas en la crisis. Utilizando una expresión de Labrousse para afinar más en esta dualidad, se trataría del levantamiento de los titulares de la *«richesse en mouvément»* contra los de la *«richesse en état»*.

Pero hay que tener en cuenta también que la revolución de 1868 es un hecho de masas. Aunque el levantamiento contra la monarquía de Isabel II lo organizaran, lo dirigieran y controlaran miembros de la pequeña y mediana burguesía, la secundaron, generalmente con fines muy diversos a los originarios, elementos del pueblo bajo, como no había ocurrido hasta entonces. Esta participación de la masa en el fenómeno revolucionario fue lo que le proporcionó una dimensión peculiar, que más tarde le haría derivar hacia cauces más tempestuosos.

La llamada «cuestión social» no era privativa de España, pero aquí estaba agudizada por una serie de tensiones que habían ido generándose en el transcurso de la primera mitad de la centuria. Por de pronto, la moderación del índice de crecimiento demográfico, que podía explicarse en parte por la iniciación de una nueva corriente emigratoria, pone de manifiesto un síntoma de crisis social: el exceso de mano de obra o la falta de oferta de trabajo. Pero también puede deberse a factores de la propia dinámica demográfica, entre los cuales hay que tener en cuenta un bache sorprendente en el índice de natalidad, que alcanza su cota más baja precisamente en el año 1868, como puede comprobarse en el estudio de Jordi Nadal sobre la población española de los siglos XVI al XIX.

Para comprender el problema social en la última etapa de la monarquía isabelina hay que tener en cuenta la estructura social del momento y las tensiones que había provocado la revolución liberal. España era un país agrícola y la población española continuaba siendo campesina en una abrumadora mayoría. Esta característica diferencia los movimientos de subversión social que se producen en la España del siglo XIX de los que tienen lugar en el resto de la Europa occidental. En España no se produjo nunca una revolución de las estructuras agrarias como ocurrió, por ejemplo, en Francia a partir de 1789. El régimen latifundista se mantuvo incólume a pesar de las desamortizaciones. La consagración de la alta burguesía y la aristocracia como grandes propietarios y la ruptura de las condiciones contractuales del viejo régimen determinaron en gran parte el surgimiento de un proletariado rural sin derechos ni recursos que constituirían un caldo de cultivo para las revueltas campesinas que comenzarían a producirse desde los años centrales de la centuria.

De forma similar se había producido la proletarización del artesanado. La desaparición de las corporaciones gremiales y el paulatino proceso de industrialización, aunque más modesto en España que en los restantes países de la Europa occidental, daría origen a la aparición de un proletariado urbano cuyas precarias condiciones de vida serían causa también de una inquietud y malestar crecientes. En realidad, desde 1821 se habían producido revueltas campesinas, en lo que J. M. Jover denominó prehistoria del movimiento obrero, pero un movimiento generalizado no se produciría hasta que la demagogia proporcionase a aquellas masas una doctrina o una bandera que defender, o en que

Las desamortizaciones de la época isabelina no alteraron el régimen latifundista. Escena agrícola en el campo español.

Caricatura publicada en la revista *La Flaca* después de la revolución de 1868.

una crisis económica general contribuyese a aglutinar a todos los descontentos. Y eso fue lo que ocurrió en 1868.

La crisis económica estudiada por Nicolás Sánchez Albornoz encaja dentro del modelo que Labrousse trazó para las revoluciones de la primera mitad del siglo. Labrousse sitúa cada levantamiento revolucionario en una coyuntura económica crítica. Una crisis de subsistencias puede constituir el detonante de una revolución. Una mala cosecha puede predecir el estallido. El paro y la carestía vienen juntos. La caída del consumo afecta asimismo al empresario. Los únicos que se benefician en alguna medida de la crisis son los labradores ricos, los amos del suelo y los comerciantes de granos. El resto de la sociedad sufre dramáticamente sus consecuencias. La brecha que separa los sectores extremos de la sociedad se ensancha y las capas intermedias se separan de los sectores altos y son rechazados hacia los inferiores.

«La Gloriosa» se inició con un clásico pronunciamiento militar, que pronto adquirió el carácter de una revolución. Quienes la desencadenaron y los fines que perseguían eran eminentemente burgueses y, sin embargo, puede advertirse en ella una destacada participación de la masa, o cuando menos el pronunciamiento suscitó una respuesta por parte de ella. En el orden económico, nos encontramos con una crisis agrícola de las llamadas de subsistencias, en medio de la cual estalla una revolución. Esta coyuntura se produce, además, durante una larga fase de expansión de todos los sectores de la economía española, que, sin embargo, frena una crisis financiera y comercial antes de que se produzca el pronunciamiento.

Ni la crisis de subsistencias por sí sola –había habido muchas crisis de este tipo en la historia de España– ni la crisis financiera eran capaces de generar un movimiento revolucionario como el que estalló en 1868, pero no cabe duda de que tuvieron una influencia decisiva. El descontento de las clases populares era compartido por los ahorradores, que habían visto disminuir el valor de sus inversiones; por los banqueros, que se veían amenazados por los impagados; por los comerciantes e industriales, que se daban cuenta de la inminente paralización de los negocios, e incluso por los propietarios, que veían depreciados sus bienes raíces. Fue la confluencia de los tres factores –crisis política, crisis social y crisis económica– lo que proporcionó al pronunciamiento de septiembre de 1868 su verdadera dimensión revolucionaria.

EL TRIUNFO DE «LA GLORIOSA»

Todas estas circunstancias que acabamos de analizar desembocaron en el fenómeno revolucionario de septiembre de 1868. La dirección activa de la conspiración revolucionaria del partido progresista, imposibilitado de alcanzar el poder, estaba en manos de Juan Prim, pues un militar podría arrastrar tras de sí al Ejército. Durante la década de los sesenta se habían llevado a cabo varias intentonas, pero todas habían fracasado. Prim no se arredró por el fracaso: «Fue un revolucionario realista, no un conspirador romántico», dice Raymond Carr. Después de haber realizado una larga travesía militar y política que le llevó del progresismo al moderantismo, para acabar de nuevo en las filas de los progresistas; de la Gobernación de Puerto Rico a la Capitanía General de Granada, y de la guerra de Marruecos a la intervención en México, Juan Prim se dispuso a la única alianza revolucionaria que le quedaba abierta, la del ala izquierda progresista y de sus aliados demócratas. Fue unánimemente aceptado por todos como cabeza del comité revolucionario establecido en Ostende en agosto de 1866. Sin embargo, desengañado de esta alianza por su ineficacia, volvió sus ojos a la

Retrato del almirante Juan Bautista Topete, uno de los protagonistas del inicio de «La Gloriosa».

Unión Liberal, cuyos generales habían sido desterrados por la política autoritaria de Narváez y González Bravo. Sin duda, prefería un levantamiento militar, haciendo que la revolución volviese por sus cauces tradicionales. El golpe, preparado en el exilio, tuvo también colaboradores en el interior, como el general Serrano y el almirante Topete.

La revolución tenía que empezar con un pronunciamiento naval en Cádiz, al que debía seguir la tradicional declaración de los generales. Y así fue, en efecto, cómo Topete dio el primer grito a bordo de la escuadra sita en el puerto de Cádiz, el 17 de septiembre de 1868. Con el lema «¡Viva España con honra!», los pronunciados manifestaban un espíritu regeneracionista que en aquellos momentos difíciles suscitaron una simpatía general.

Dos días después llegaron los generales unionistas, como el general Serrano, y algunos civiles que habían sido prevenidos del golpe, como Sagasta. Prim apareció también en escena y nombró una junta revolucionaria que pasó a controlar la ciudad de Cádiz. En Sevilla se formó el día 20 una junta provisional revolucionaria que lanzó un manifiesto en el que se recogían los principios fundamentales del programa de los demócratas: sufragio universal, libertad absoluta de imprenta, abolición de la pena de muerte, abolición de las quintas, supresión de los derechos de puertas y consumos y elección de unas Cortes constituyentes para que decreten una nueva Constitución «en armonía con las necesidades de la época».

Manuel Becerra, político del partido demócrata que apoyó a la institución monárquica.

Tras Sevilla, Málaga, Almería y Cartagena, otras muchas ciudades españolas se fueron sumando a la revuelta.

En la capital se organizaron las fuerzas leales a Isabel II y un ejército mandado por el marqués de Novaliches salió al encuentro de los revolucionarios, que desde el Sur marchaban hacia Madrid. En las cercanías de Córdoba, en el puente de Alcolea, se libró una batalla el 27 de septiembre, en la que la habilidad de Serrano permitiendo a sus enemigos dominar el puente para ser batidos por sus propios disparos, terminó por decantar la victoria del lado de los revolucionarios. El camino hacia Madrid se hallaba expedito, y la reina, que se hallaba con su corte veraneando en San Sebastián, tuvo que tomar el camino del exilio con rumbo a Francia.

En Madrid, después de la formación de dos juntas, una de ellas integrada por unionistas y progresistas, y la otra por demócratas, se llegó al acuerdo de formar una común presidida por Eduardo Chao, que se encargaría de organizar unas elecciones destinadas al nombramiento de una definitiva. Barcelona y Zaragoza, que también se habían sumado a la revolución, formaron inmediatamente sus respectivas juntas. La monarquía de Isabel II se había desintegrado sin apenas resistencia y a primeros de octubre se constituyó un gobierno provisional presidido por el general Serrano, en el que entraron también el general Prim en la cartera de Guerra, Juan B. Topete en la de Marina, Manuel Ruiz Zorrilla en la de Fomento y Práxedes Mateo Sagasta en la de Gobernación. La primera tarea de este gobierno sería la de eliminar la dualidad de poderes provocada por la existencia de las juntas revolucionarias locales, cosa nada fácil si se tiene en cuenta que la proporción de las fuerzas políticas que las integraban era distinta de la del gobierno.

Para lograrlo, Serrano tuvo que hacer una serie de concesiones a los demócratas: sufragio universal masculino, libertad de prensa y asociación e institución del jurado. A cambio de ello, los demócratas aceptaron la composición del gobierno con progresistas y unionistas y se mostraron de acuerdo con la solución de una monarquía «democrática». Sin embargo, este punto dividió al partido demócrata. Los cimbrios habían aceptado el sistema monárquico, pero los que se oponían al compromiso con el gobierno

Manuel Ruiz Zorrilla, político progresista y colaborador del general Juan Prim.

constituyeron el partido republicano. Entre los republicanos, la corriente federalista de Pi y Margall tenía un gran apoyo en las provincias, en donde las juntas se habían mostrado radicalmente anticentralistas. Ahora bien, este anticentralismo además de constituir en muchos casos una actitud propia de la tradicional tendencia peculiarista de algunas regiones, estaba en esta ocasión alimentado por el descontento económico y por el desengaño ante el gobierno provisional por su postura antirrevolucionaria, cuando precisamente se había basado en esta fuerza para derribar a Isabel II. Los disturbios que se originaron en algunas poblaciones andaluzas con este motivo, fueron, según Carr, revueltas de desesperación más que conspiraciones republicanas.

Para la disolución de las juntas, el principal problema que existía era el de los Voluntarios de la Libertad, milicias populares que habían sido armadas a raíz del triunfo de la revolución

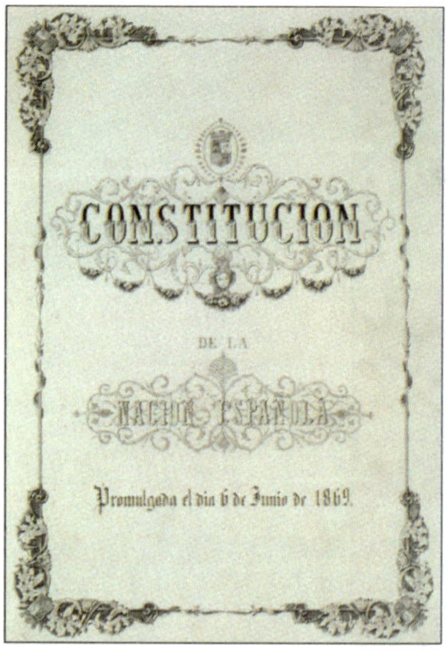

Ejemplar de la Constitución de 1869 que se conserva en la biblioteca de las Cortes (Madrid).

y que, dueñas de la calle, se habían convertido en una especie de veladores del orden revolucionario. Sólo la decidida acción emprendida por el general Prim firmando un decreto el 17 de octubre para promover su reorganización, pero que en realidad encerraba el propósito de llegar a su disolución, pudo terminar con estas milicias, no sin que antes hubiese que sofocar por la fuerza algunas resistencias en Cádiz y en Málaga. La disolución de los voluntarios hizo más fácil la desaparición de las juntas. Y el gobierno quedaba con las manos libres para convocar unas Cortes Constituyentes que diesen forma legal al sistema salido de la revolución.

LAS CORTES CONSTITUYENTES

Las Cortes que debían dar carácter definitivo a la solución monárquica aceptada por la mayoría de la coalición revolucionaria de septiembre se convocaron para el 11 de febrero de 1869. El dispositivo electoral de Sagasta y el ambiente general del país dieron como resultado una asamblea dominada por la coalición revolucionaria –progresistas, demócratas cimbrios y liberales unionistas–. Los republicanos y los carlistas constituían una minoría cuya intervención en las sesiones sólo tendría un valor testimonial, ya que sería derrotada en todas las votaciones. A pesar de todo, los republicanos podían sentirse satisfechos de haber colocado en la asamblea legislativa a sus principales figuras: Nicolás Salmerón, Estanislao Figueras, Francisco Pi y Margall y Emilio Castelar, todos ellos brillantes oradores que darían la batalla para imponer los principios que defendían.

El 22 de febrero quedaron definitivamente constituidas las Cortes presididas por Nicolás M. Rivero. Su convocatoria respondía a una tarea específica concreta, como era la elaboración de una nueva Constitución que recogiera los principios fundamentales de la revolución de septiembre. Su resultado fue la Constitución de 1869 que, a pesar de todo, apenas si tuvo un momento de efectividad durante los cinco años en que estuvo teóricamente vigente. Sin embargo, como afirma Sánchez Agesta, constituye un curioso documento –y en eso se parece a las otras Constituciones del siglo XIX– no por su idoneidad como instrumento del gobierno, sino por cuanto que fija y pondera la ideología de los inquietos grupos que hacen acto de presencia en la vida política.

LA CONSTITUCIÓN DE 1869

La Constitución de 1869 consta de 11 títulos, divididos en 112 artículos. Es, por consiguiente, en este sentido, una Constitución intermedia entre la más extensa de 1812 y la más breve de 1837. En cuanto a los principios que la informan, puede decirse que esta Constitución consagra un tipo de liberalismo radical, frente al liberalismo doctrinario de la época isabelina. Su encarnación concreta se plasma en la explicitación de todos y cada uno de los derechos, a los que los diputados llamaban «naturales», lo que no obsta para que a continuación se afirme que «la enumeración de los derechos consignados en este título no implica la prohibición de cualquier otro no consignado expresamente». En efecto, el énfasis puesto en este título primero en el que se recoge el derecho a la libertad personal, inviolabilidad de domicilio y de correspondencia, libertad de enseñanza, de industria, de propiedad, etc., constituye una de las características más sobresalientes de este texto.

Óleo pintado en 1868 con el retrato del político español Nicolás María Rivero, presidente de las Cortes constituidas el día 22 de febrero de 1869 con la finalidad de elaborar una nueva Constitución. (Ayuntamiento de Madrid.)

Uno de los puntos que provocó mayor controversia dentro de la Cámara y fuera de ella se refería precisamente a la libertad religiosa. Por primera vez se reconocía en un documento constitucional el derecho de los españoles a practicar, pública o privadamente, otra religión distinta de la católica. El artículo 21, tal como quedó redactado, escandalizó a los elementos más conservadores que seguían defendiendo el mantenimiento en España de la unidad católica, pero decepcionó a aquellos que veían como elemento esencial de la libertad ciudadana la separación entre la Iglesia y el Estado, ya que previamente se establecía la obligación por parte del Estado de «mantener el culto y los ministros de la Religión Católica».

El título II de la Constitución, en el que se trata de los poderes públicos, establece claramente que la soberanía reside esencialmente en la nación, de la que emanan todos los poderes. En su artículo 33 se determina que la forma de gobierno es la monarquía. La aprobación de este punto suscitó una enérgica intervención por parte de varios diputados republicanos, entre los que se contaban Pi y Margall, Salmerón y Castelar, y una réplica de otros varios, como Silvela, Montero Ríos y Ríos Rosas. Al final, el artículo fue aprobado por 214 votos a favor y 71 en contra.

El título III se refiere al poder legislativo: las Cortes, que quedan divididas en dos cámaras, el Senado y el Congreso, de acuerdo con la tradición que había venido manteniéndose desde la promulgación del Estatuto Real de 1834. A continuación se especifica la constitución del organismo legislativo y se establece que para ser elegido diputado no se requiere otro requisito que «ser español, mayor de edad y gozar de todos los derechos civiles», y para ser elector, las condiciones que establezca en su momento la ley electoral correspondiente. El título IV trata del rey, cuya persona es inviolable y no está sujeta a responsabilidad, pero es el que nombra a sus ministros. Además, se concede al rey la facultad de suspender las Cortes, aun sin consentimiento de éstas, una vez en cada legislatura. El título V se refiere a la sucesión a la Corona, y aunque se establece el carácter hereditario de la autoridad real, se elude la referencia a cualquier dinastía en concreto. El título VI está dedicado a los ministros, quienes son responsables ante las Cortes, aunque no se les permite asistir a sus sesiones si no pertenecen a uno de los cuerpos colegisladores.

El título VII trata del poder judicial y en él se establece el funcionamiento

Caricatura de la época en la que aparecen el general Prim, Serrano y Bautista Topete subastando la Corona entre los diversos candidatos al trono español.

de los jurados para todos los delitos políticos y para los comunes que determine la ley. El título VIII se refiere a las diputaciones y a los ayuntamientos, y en su único artículo, el 99, se consagra el centralismo administrativo al contemplar que el rey o las Cortes puedan intervenir para evitar que, tanto unas como otros, puedan extralimitarse en sus atribuciones. El título IX trata de las contribuciones, el X de las provincias de Ultramar, y, por último, el XI, de la reforma de la Constitución. Al final, se incluyeron dos disposiciones transitorias, la primera de las cuales disponía que la ley que se elaborase para la elección del rey pasaría a formar parte de la Constitución.

La elección de un monarca para España

Una vez aprobada la Constitución de 1869, en la que quedaba recogido el principio monárquico, el paso siguiente consistía en la búsqueda de un rey para que ocupase el trono español. Había quedado clara la exclusión de la dinastía borbónica, y las indagaciones en las Cortes europeas para encontrar un rey capaz de aceptar tan comprometido encargo, constituye uno de los episodios más sainetescos de nuestra historia contemporánea.

Aún venía a complicar más las cosas la oposición de los republicanos, que no acataron el acuerdo mayoritario de la coalición revolucionaria de aceptar el sistema de la monarquía.

Dibujo caricaturesco relativo a la suspensión de las garantías constitucionales decretada por el gobierno provisional de 1869-1870. De un lado se sitúan Prim y los pretendientes al trono, en el centro Nicolás María Rivero, y del otro lado Figueras, Pi y Margall y Castelar.

Sus protestas y algaradas alcanzaron las mayores cotas de violencia cuando en septiembre, en Tarragona, el Gobierno Civil quiso reprimir una manifestación que se había organizado para recibir al general Pierrard, en la que se enarboló una bandera en la que podía leerse: «¡Viva la República federal!». Los manifestantes asesinaron al secretario del Gobierno Civil y la respuesta del ministro de la Gobernación fue el apresamiento de Pierrard y la disolución de los Voluntarios de Tarragona y Tortosa. Aquella medida, que los republicanos entendieron como indiscriminada, fue interpretada como una provocación y levantó una airada protesta de los diputados que se encontraban en Madrid. En Barcelona se produjeron también algunas manifestaciones de protesta que fueron duramente reprimidas por el capitán general y el gobernador de aquella capital. El estallido revolucionario se extendió a varias provincias y amenazó con poner en peligro la transición a la nueva monarquía.

El gobierno provisional presentó a las Cortes un proyecto de ley para que declarase en suspensión las garantías constitucionales mientras durase la insurrección y se le autorizase a declarar el estado de guerra en aquellos lugares del país en los que se requiriese una intervención armada para restablecer el orden. Aun con la protesta de los diputados republicanos, como Castelar, Figueras y Pi y Margall, la ley fue aprobada el 5 de octubre. Bajo su amparo, el general Prim pudo reprimir los brotes republicanos en Zaragoza, Alicante, Valencia y Andalucía. A finales de noviembre, una vez restablecida la tranquilidad, la ley fue derogada y pudieron ser restablecidas las garantías constitucionales. Todas las energías se centraron a partir de entonces en el cumplimiento del artículo 33 de la Constitución.

La búsqueda de un nuevo rey dividió a la coalición revolucionaria, pues cada partido pretendía nombrar a un candidato que favoreciese sus intereses particulares. Los unionistas querían al duque de Montpensier, Antonio de

Orleans, casado con la infanta Luisa Fernanda de Borbón, hermana de la destronada Isabel II. Montpensier había intrigado y aun suministrado fondos a los revolucionarios, así como subvencionado periódicos para colocar en buen lugar su candidatura. Con dos obstáculos importantes iba a tropezar, sin embargo, que le impedirían conseguir sus propósitos, tanto a él como a la oligarquía conservadora que le apoyaba. El primero de ellos fue el duelo que sostuvo el 12 de marzo de 1870 con Enrique de Borbón, a causa de las acusaciones que éste había vertido sobre Montpensier, tachándolo de «truhán político e hinchado pastelero francés». Enrique cayó herido mortalmente en el enfrentamiento y eso restaba muchas posibilidades a las pretensiones del duque. Pero el mayor inconveniente lo puso Napoleón III, quien de ninguna forma quería ver en el trono de España a la hermana de Isabel II o a su esposo. El emperador francés comprometió en su oposición al mismo Prim.

Demócratas y progresistas dirigían sus miras hacia Fernando de Sajonia-Coburgo, viudo de la reina de Portugal, María de la Gloria. Esta candidatura podría constituir en el futuro, según quienes la respaldaban, la base de una futura unión ibérica. No obstante, la opción que representaba Fernando de Portugal no era bien vista por Inglaterra ni tampoco por Francia. Pero fue el mismo Fernando, en último término, el que no se prestó al juego que le ofrecieron algunos españoles, por ser un hombre ya muy mayor, inclinado hacia la vida tranquila, que prefirió el matrimonio con una famosa cantante que entrar en las inciertas complicaciones de la vida política española.

Descartada esta candidatura, Prim se esforzó por traer al archiduque Leopoldo de Hohenzollern-Sigmaringen, pero de nuevo surgirá la tenaz oposición del emperador francés, quien en esta ocasión alegaba el peligro que correría el equilibrio europeo en el caso de ser aceptado el candidato alemán. Su presión sobre Guillermo de Prusia para que fuese retirada esta candidatura sería causa de la guerra franco-prusiana y de la desaparición del Segundo Imperio francés. Hubo también un intento de proponer al general Espartero, pero el duque de la Victoria rehusó las peticiones que recibió en este sentido, alegando su edad y su cansancio político.

No quedaban muchas opciones y, sobre todo, había que encontrar a alguien que no sembrase inquietud en las cancillerías europeas. Las negociaciones llevadas a cabo con gran sigilo

El rey de Prusia Guillermo I promovió la candidatura de su sobrino el archiduque Leopoldo de Hohenzollern-Sigmaringen (izquierda) para ocupar el trono de España.

ante el monarca italiano Víctor Manuel II dieron esta vez el fruto apetecido, y su segundo hijo, Amadeo, duque de Aosta, aceptó la Corona española «[...] si la voluntad de las Cortes me prueba que ésa es la voluntad de la Nación española». En realidad, más que por la voluntad de la nación española, Amadeo de Saboya iba a convertirse en rey de España por la voluntad del general Prim, que era quien había llevado a cabo el peso de las gestiones. El 16 de octubre de 1870 tuvieron lugar las votaciones en las Cortes para la elección del rey, con el siguiente resultado: Amadeo de Saboya, 191; república federal, 60; duque de Montpensier, 27; Espartero, 8; Alfonso de Borbón, 2; república unitaria, 2; república (sin calificativo), 1; duquesa de Montpensier, 1; en blanco, 19. Así pues, y como el número de representantes era de 334, el presidente de las Cortes, Ruiz Zorrilla, proclamó al duque de Aosta como rey de los españoles.

La primera guerra de Cuba

La primera intentona independentista de Cuba surgió a raíz de la revolución española de 1868 y no fue más que consecuencia de la desidia y la falta de atención que los gobiernos liberales habían prestado al más importante reducto del imperio colonial que España había poseído al otro lado del océano. En realidad, intentos independentistas se habían producido en la isla desde comienzos del siglo XIX, y en ellos habían intervenido motivaciones diversas, como el ejemplo de los países que se habían emancipado en tiempos de Fernando VII; la intervención estadounidense con fines políticos y económicos o la creciente desigualdad social. Pero, sobre todo, la conciencia nacionalista que la población cubana había ido adquiriendo a lo largo de los tiempos, frente a la cada vez mayor incomprensión por parte de la Administración española de los problemas específicos de la colonia. No

Carga del escuadrón del regimiento de caballería de la Princesa durante la primera guerra de Cuba.

obstante, la existencia de una sociedad esclavista había evitado el exceso de radicalismo entre las elites locales, por el temor de que cualquier revuelta fuese capitalizada por la población de color frente a la población blanca dominante.

Cuba estaba gobernada por un capitán general, cuya responsabilidad ante Madrid quedaba menguada por la distancia y por el apoyo que le aseguraba la comunidad española de la isla. Los criollos soportaban cada vez de peor gana el dominio de los peninsulares, ya que se veían excluidos de los cargos públicos y se sentían discriminados por la política económica de la metrópoli, que imponía fuertes barreras arancelarias al comercio de otros países, y especialmente al de los Estados Unidos, a los que consideraban su mercado natural. El aumento de la producción de azúcar y de tabaco durante el siglo XIX había proporcionado a la isla una importancia económica como no había tenido en toda su historia y la había situado en un lugar de privilegio en el conjunto del comercio español.

A finales de la década de los cincuenta, el general Serrano había intentado canalizar las inquietudes de los independentistas, creando un partido político reformista y democrático que agrupase a los criollos y a los peninsulares. Sin embargo, la destitución de Serrano en 1866 y el cese de su política conciliadora arrojó a los cubanos reformistas al campo separatista intransigente. A pesar del estallido de la revolución de 1868 y del envío a Cuba de Domingo Dulce como capitán general, en sustitución del inflexible Lersundi, con la promesa de llevar a cabo elecciones democráticas y de aplicar las libertades contempladas en el programa revolucionario, era ya demasiado tarde para satisfacer las aspiraciones de los secesionistas.

El llamado «grito de Yara» fue lanzado el 10 de octubre de 1868 por un culto propietario cubano llamado Carlos Manuel Céspedes, en su hacienda de Demagagua, con el propósito de establecer una república cubana independiente. Su llamada fue seguida por los líderes independentistas Máximo Gómez y Antonio Maceo, que pronto contaron con el apoyo de los esclavos negros y de los plantadores pobres de la provincia de Oriente. El levantamiento escapaba de esta manera del control de la aristocracia criolla para caer en manos de una guerrilla compuesta por cerca de 10.000 individuos. El general Dulce, que contaba con las simpatías de los españoles y de los cubanos liberales, intentó llevar a cabo una política de conciliación entre los secesionistas criollos y los leales a España, pero su política fracasó al cabo de los cinco meses. El general Prim, desde Madrid, mantuvo una actitud flexible y negociadora que pretendía, por encima de todo, acabar con un conflicto que entorpecía el desenvolvimiento del gobierno revolucionario. Por una parte, intentó

Fábrica de azúcar en la isla de Cuba, uno de los intereses económicos del gobierno español en la colonia. (Museo de Bellas Artes, La Habana.)

Óleo de Vicente Palmaroli con el retrato de Amadeo de Saboya, que fue rey de España entre 1870 y 1873. (Museo Balaguer, Vilanova i la Geltrú, Barcelona.)

traspasar la isla a los Estados Unidos, y, por otra, mantuvo una actitud abierta con los insurrectos cubanos para tratar de encontrar una solución al problema. Hasta dónde estaba dispuesto a llegar es una cuestión cuya respuesta quedó en suspenso por su asesinato en diciembre de 1870.

Diez años duró esta guerra, llamada la Guerra Larga, en la que, a pesar de la franca ayuda de los estadounidenses, los insurrectos fueron vencidos por el cansancio y las rencillas entre sus líderes. En febrero de 1878 se firmaría la paz de Zanjón, que no era más que una tregua, ya que quedaba aún pendiente todo el problema de fondo que había dado lugar a la insurrección.

EL REINADO DE AMADEO I (1870-1873)

Una vez efectuada la elección de Amadeo, las Cortes nombraron una comisión para que se trasladara a Italia con el objeto de acompañar al rey hasta Madrid. Sin embargo, la gran desgracia de Amadeo fue que, mientras se dirigía a la capital de España, su principal valedor, el general Prim, caía víctima de un atentado en la madrileña calle del Turco. Tres días después, el 30 de diciembre, el líder progresista dejaba de existir, quedando de esta forma vitalmente desasistida una monarquía cuyo futuro se presentaba lleno de dificultades de toda índole.

Prim se había mostrado como el más capaz de los líderes revolucionarios, pero al mismo tiempo había sido el hombre de orden que había impuesto mayores dosis de sensatez en las rivalidades y rencillas de las distintas facciones políticas. Era respetado por todos y se erigió en núcleo de unión de las diferentes opciones que participaron en el destronamiento de Isabel II. Por eso, su muerte deshizo la coalición de 1868. En cuanto a sus asesinos, poco ha podido esclarecer la historiografía posterior. Pedrol Rius publicó un estudio sobre este asunto, tomando como fuente principal de información el extenso sumario que generó el proceso abierto con motivo de aquel magnicidio. En él se señalaba a José Paúl y Angulo como principal instigador del crimen. Paúl y Angulo era diputado y propietario de *El Combate*, órgano de la extrema izquierda del partido federal. Su odio hacia Prim era manifiesto, no sólo por su posición política, sino porque éste se había negado a concederle un cargo diplomático al que aspiraba. A pesar de que las investigaciones que se llevaron a cabo parecían estar destinadas a sembrar la confusión más que a otra cosa, las sospechas apuntaban también a personas cercanas al duque de Montpensier que habían preparado un atentado contra Prim en el mes anterior.

Amadeo de Saboya había nacido en Turín en 1845 y había recibido una educación plenamente liberal como torpe ni incapaz. Mostró siempre un decidido deseo de acertar y de hacer bien las cosas, con buena voluntad y con gran sentido común. Sin embargo, los problemas políticos con los que tuvo que enfrentarse le desbordaron de tal manera que su reinado puede considerarse como un rotundo fracaso. Con todo, no puede imputársele exclusivamente a él ese fracaso, pues se distinguió en todo momento por un exquisito respeto constitucional y por una absoluta neutralidad en el trato

Grabado coloreado que representa el atentado mortal contra el general Juan Prim en Madrid.

correspondía a la corte piamontesa, sobre todo a partir de las revoluciones de 1848. El nuevo monarca había visitado ya varias regiones españolas en 1866 en un viaje de estudios, sin soñar todavía, ni remotamente, que a los pocos años iba a ocupar el trono de ese país. Un año más tarde casaba con la princesa María Victoria del Pozzo della Cisterna, de la que se decía que tenía un talento muy superior al de su marido. A pesar de que algunos historiadores le han atribuido una escasa capacidad política, Amadeo no era ni con todos los partidos del arco parlamentario. Lo que ocurría es que, al tener que designar primer ministro, tal como señalaba la Constitución, se veía obligado a tomar una opción, puesto que éste le pedía inmediatamente la disolución de las Cortes.

Amadeo entró en Madrid el 2 de enero de 1871, en un día gélido de aquel crudo invierno, que parecía presagiar la frialdad con que le recibirían los españoles. La nobleza le trató, incluso, con cierta hostilidad y los carlistas le llamaron siempre

Grabado publicado en 1871 en *La Ilustración de Madrid*, que muestra la jura de la Constitución por el rey Amadeo I el día 2 de enero de 1871.

«extranjero». Su primer acto oficial fue el de acudir a la basílica de Atocha en la que se hallaba el marqués de los Castillejos de cuerpo presente. La escena fue recogida en una famosa pintura por A. Gisbert. Desde allí se trasladó a las Cortes, donde prestó juramento a la Constitución y fue solemnemente proclamado rey de España.

El primer gobierno de la nueva monarquía estaba presidido por el ex regente Serrano, quien se encargó también de la cartera de Guerra. A Cristino Martos se le asignó la cartera de Estado; la de Gracia y Justicia, a Augusto Ulloa; la de Hacienda, a Segismundo Moret; la de Gobernación, a Sagasta; la de Fomento, a Ruiz Zorrilla; la de Marina, a José María Beranguer, y la de Ultramar, a Adelardo López de Ayala. De esta forma estaban representadas en el gobierno todas las fuerzas monárquicas que habían hecho la revolución. Se convocaron unas elecciones para el mes de marzo que, como las anteriores, fueron relativamente honestas y se vieron libres de presión por parte del gobierno. Se emitieron un total de 2.700.000 votos de un censo de 4.030.792 votantes. Los resultados fueron los siguientes: resultó vencedora la coalición gubernamental, formada por progresistas, unionistas y demócratas cimbrios, con un total de 1.700.000 votos, lo cual les proporcionaba 235 actas de diputados. La oposición, formada por carlistas, monárquicos alfonsinos y republicanos, obtuvieron un millón de votos, lo que significaba 137 actas.

Sin embargo, la coalición vencedora llevaba en sí el germen de la descomposición y no tardaría mucho tiempo en producirse el comienzo de la escisión, con lo que se caería de nuevo en el endémico y tradicional problema de la política española: la fragmentación de los partidos y el personalismo. Los progresistas se dividieron en dos: aquellos que siguieron a Práxedes Mateo Sagasta, más pragmáticos y moderados, que apoyaban el mantenimiento de la colaboración con los conservadores; y los más doctrinarios y extremistas que, encabezados por Ruiz Zorrilla, formaron el partido radical, al que se unieron los demócratas cimbrios. Ruiz Zorrilla consiguió ganarse la confianza de la Corona y ésta le encargó la formación de nuevo gobierno para resolver la crisis que había provocado en el mes de julio las críticas a la política de Ultramar. Las dificultades para obtener el debido apoyo en las Cortes le obligaron a cerrar la Cámara hasta pasado del verano.

En aquellos meses de 1871, Amadeo emprendió un viaje por algunas provincias españolas y en Logroño visitó al anciano duque de la Victoria, a quien concedería más tarde el título de príncipe de Vergara. El recibimiento y la acogida con que fue recibido el rey en los lugares de su itinerario fueron en ocasiones entusiásticos y a veces fríos, pero en todo caso de una cortesía exquisita.

La reapertura de las Cortes a primeros de octubre señaló la caída del efímero gabinete de Ruiz Zorrilla, que fue reemplazado por un ministerio presidido por el general José Malcampo, que estaba en la línea de Sagasta. En octubre se planteó en las Cortes el debate sobre la legalidad o ilegalidad de la Internacional de Trabajadores. El diputado tradicionalista Plácido Jové y Hevia planteó la cuestión y el ministro de la Gobernación, Francisco Candau, mostró su disposición a disolverla «como atentatoria a la seguridad del Estado». Los conservadores y moderados se mostraron de acuerdo con el gobierno. Los carlistas, por medio de Cándido y Ramón Nocedal, aprovecharon la ocasión, además de para denostar a la Internacional, para ampliar sus críticas a toda la civilización contemporánea y a la monarquía de Amadeo.

Cánovas del Castillo apoyó su postura contra la Internacional en la defensa de la propiedad privada, y Eugenio Montero Ríos afirmó que el

Reunión del partido progresista-democrático celebrada en Madrid el día 26 de noviembre de 1871, pocos días después de la publicación del manifiesto del partido conservador, proclamando la legitimidad de Alfonso XIII para el trono de España.

problema no era de ilegalidad, sino de incompetencia de las Cortes para un asunto que correspondía al poder judicial. En favor de la Internacional intervino, entre otros, Pi y Margall, pero fue Salmerón quien mostró a lo largo del debate una dialéctica más brillante desde el punto de vista de la burguesía liberal. Cuando cesaron los discursos y llegó el momento de votar, el resultado fue de 192 votos a favor de la declaración de inconstitucionalidad de la Internacional y 38 en contra. Así pues, la I Internacional fue declarada fuera de la ley por las Cortes de la monarquía democrática.

Como consecuencia de la incapacidad del gobierno para afrontar las críticas procedentes de los radicales y carlistas, Malcampo se vio obligado a dimitir, y Sagasta pasó a ocupar la presidencia del Consejo el 21 de diciembre. Se convocaron elecciones para tratar de conseguir una mayoría más cómoda a comienzos de 1872, y el nuevo gobierno puso en marcha sus mecanismos de presión en algunas provincias, siendo acusado de crear «lázaros», procedimiento que consistía en utilizar los nombres de personas que habían fallecido en las votaciones. El resultado fue, como no cabía menos de esperar, favorable a los conservadores y sagastinos o constitucionales. Sin embargo, el descubrimiento de un fondo de dos millones de pesetas para una finalidad que no estaba muy clara, junto con la táctica de retraimiento practicada por los radicales, obligaron a dimitir a Sagasta en mayo de 1872.

Tras un efímero gobierno de Serrano, quien para enfrentarse con la insurrección carlista y con los desórdenes promovidos por la izquierda solicitó del rey la suspensión de las garantías constitucionales, Amadeo entregó su confianza a Ruiz Zorrilla. El líder de los radicales se apresuró a convocar nuevas elecciones para el mes de agosto. A esas alturas de la monarquía de Saboya, el panorama no podía ser más desesperanzador.

Las elecciones se desarrollaron con limpieza y registraron una gran abstención, que alcanzó el 54 % porque los elementos conservadores consideraron que las primeras Cortes de 1872 habían sido disueltas antes de que se cumpliese el mínimo de cuatro meses que establecía la Constitución. Los resultados dieron una aplastante mayoría a los radicales, que obtuvieron 274 actas de diputado, mientras que los constitucionales de Sagasta sólo obtuvieron 79 escaños, y los alfonsinos, nueve.

La cómoda mayoría que obtuvieron los radicales en las Cortes no se tradujo, en la práctica, en un gobierno estable y eficaz, a causa de los crecientes problemas que tenía planteado el país. La guerra de Cuba, iniciada en 1868 y que seguía su curso, la II Guerra Carlista y, por si fuera poco, las insurrecciones republicanas, entorpecieron la labor del nuevo gobierno. No obstante, se llevaron a cabo importantes reformas, como el drástico recorte del presupuesto de la Iglesia y la abolición de la esclavitud en Puerto Rico. Este asunto se llevaba arrastrando desde hacía algunos años, pues España era la única nación donde subsistía la esclavitud y las sociedades

abolicionistas habían realizado notables esfuerzos para ganarse a una buena parte de la opinión pública. El mismo Amadeo llegó a afirmar: «No me importa perder la Corona si ha de ser por la libertad de los esclavos». La votación que se llevó a cabo en las Cortes, el 21 de diciembre de 1872, dio una aplastante mayoría en favor de la abolición de la esclavitud en Puerto Rico.

La falta de colaboración de los conservadores y los moderados dejó al gobierno a merced de los extremos. La rebelión carlista volvió a estallar en el Norte y los republicanos federales provocaron una corta insurrección en Ferrol. La crisis del régimen parecía acentuarse cuando se produjo el nombramiento del general Hidalgo de Quintana como capitán general de Vascongadas. Baltasar Hidalgo de Quintana, que entonces era sólo capitán, había participado en la rebelión que se había producido en el cuartel de San Gil, en Madrid, el 22 de junio de 1866. Consecuencia de aquellos sucesos fue la muerte de varios oficiales de artillería por parte de los amotinados, y aunque Hidalgo estaba exento de toda culpa, el nombramiento de un militar con aquellos antecedentes liberales para ocupar un puesto de tanta responsabilidad en el centro de la rebelión carlista provocó el rechazo del cuerpo de Artillería.

Hidalgo quiso que fuesen procesados los artilleros que se negaron a ponerse a sus órdenes, para lo que se encontró sin el respaldo del ministro de la Guerra. Su intención de dimitir fue, sin embargo, contrarrestada por el nombramiento que el gobierno le confirió como capitán general de Cataluña.

Congreso obrero desarrollado en Barcelona en el año 1870, principio del futuro movimiento sindical.

A izquierda y derecha, manifestaciones radicales celebradas en Madrid con motivo de la derrota parlamentaria del ministerio presidido por el progresista Manuel Ruiz Zorrilla.

Fotografía de Carlos Luis de Borbón y de Braganza, conde de Montemolín, pretendiente carlista y antecesor de Carlos María de los Dolores de Borbón. (Museo de Recuerdos Históricos Carlistas, Sangüesa, Navarra.)

Pero también en esta región los oficiales de Artillería respondieron dimitiendo en masa de sus grados y empleos. Ante este desafío, el gobierno de Ruiz Zorrilla tomó la resolución de disolver el cuerpo de Artillería. El correspondiente decreto fue presentado a Amadeo, quien dudó ante la difícil alternativa, pues si lo firmaba se indisponía con los militares, y si no lo hacía, se enemistaba con los únicos políticos que aún le seguían siendo fieles. Tomó la decisión de firmar el decreto y abdicar del trono el 11 de febrero. El reinado de Amadeo I de Saboya había durado dos años y dos meses escasos. Aquel rey, que había llegado a España con un desconocimiento casi absoluto de las costumbres, de la mentalidad y, sobre todo, de la vida política del país, acabó reconociendo que no tenía fuerza de ánimo suficiente como para superar la avalancha de problemas que se habían cernido sobre él. A partir del mes de febrero de 1873 sólo quedaba un camino posible, y ese camino era el de la república.

LA SEGUNDA GUERRA CARLISTA

La llama del carlismo no se había extinguido del todo en algunas regiones del norte de España, a pesar de la derrota sufrida hacía ya treinta años, y de la crisis de dirección por la que había atravesado en los últimos tiempos. Esa crisis se había producido como consecuencia de la descalificación del legítimo heredero de la causa carlista, el infante Juan, quien ocupaba ese lugar por la muerte de sus hermanos, el conde de Montemolín y Fernando. La princesa de Beira, viuda de Carlos María Isidro, había efectuado una declaración en la que había condenado los errores ideológicos de Juan y su proclividad hacia el liberalismo, que había culminado con el reconocimiento de Isabel II. Ello llevó a Carlos María de los Dolores a la asunción de la jefatura política del carlismo con el nombre de Carlos VII. Sin duda fue éste el pretendiente más atractivo y dinámico que produjo la dinastía. Además de asumir personalmente el mando de las operaciones durante la guerra, comenzó a desarrollar una ideología coherente, basada en la defensa de unas Cortes organizadas corporativamente y un cierto grado de descentralización administrativa en beneficio de las regiones forales que apoyaban el movimiento.

A pesar de este impulso recibido desde arriba, el carlismo seguía representando en España a aquellas fuerzas que se resistían a aceptar los cambios socioeconómicos y políticos que había introducido la revolución liberal desde comienzos del siglo XIX. Ahora, el destronamiento de Isabel II había alentado de nuevo las esperanzas de quienes creían válidos todavía los planteamientos antiliberales del descendiente del hermano de Fernando VII en unos momentos, además, en que los excesos anticlericales y la libertad religiosa recogida en la Constitución de 1869 habían sembrado la alarma entre los sectores más integristas de la población española.

El carlismo se hallaba dividido en dos tendencias: los legalistas y los activistas. Los primeros creían que el fracaso de la revolución de septiembre y el desfondamiento del régimen salido de ella llevarían a los españoles a aceptar el carlismo como única solución para salvaguardar el orden social y el respeto a la religión. El más conspicuo representante de esta tendencia era Nocedal, quien pudo demostrar en las elecciones de 1869 y 1871 que el carlismo podía tener un papel significativo en la política española y esperar el momento de alcanzar el poder. Su papel se reforzó con la alianza *contra natura* que los carlistas efectuaron con los republicanos, lo que les proporcionó la posibilidad de combatir seriamente a la coalición revolucionaria. Pero en las elecciones de 1872, cuando el gobierno se opuso con procedimientos poco claros a los candidatos carlistas, la otra tendencia existente, la de los activistas, apareció como la única viable. La tendencia de los activistas creía en la necesidad de un levantamiento armado para imponer su credo. Los partidarios de la insurrección llamaron al general Cabrera, que aún seguía siendo una figura legendaria del carlismo, para que se hiciese cargo de la dirección de las operaciones militares llegado el momento. Sin embargo, Cabrera, en vista de las dificultades con las que tenía que luchar para organizar la campaña, y a causa de su avanzada edad, se vio obligado a renunciar.

Carlos reunió en el cantón de Vaud, en Suiza, a la Junta de Vevey el 18

Fotografía de la ciudad de Bilbao en el año 1874, uno de los centros de reclutamiento de las partidas carlistas.

de abril de 1870, y en ella se trató una nueva organización del carlismo y se alentó el estallido de algunos levantamientos, que con muy poca fuerza y escaso éxito estallaron en el País Vasco, La Rioja y Burgos. En abril de 1872, el pretendiente encargó a el retorno de los exiliados y se arbitraba un procedimiento para pagar los gastos de guerra. No obstante, en Guipúzcoa y en Cataluña siguieron desarrollándose algunas escaramuzas protagonizadas por partidas aisladas que trató de coordinar el propio hermano

Fuerzas carlistas antes del asedio de Bilbao a principios de 1874. (Museo de Recuerdos Históricos Carlistas, Sangüesa, Navarra.)

Eustaquio Díaz de la Rada que iniciase una serie de levantamientos en las regiones del Norte, en Extremadura y en Andalucía, y él mismo acudió a Vera de Bidasoa para ponerse al frente de sus fuerzas. El gobierno envió al general Domingo Moriones para hacerles frente, y en Oroquieta los carlistas fueron estrepitosamente batidos, y Carlos tuvo que atravesar la frontera en mayo de 1872. En Vizcaya, la ofensiva gubernamental estuvo dirigida por el duque de la Torre, con similar suerte para los carlistas. Éstos no tuvieron más remedio que aceptar la firma del convenio de Amorebieta el 24 de mayo. En su virtud, se concedía el indulto a todos aquellos insurrectos que depusiesen las armas, se permitía del pretendiente, Alfonso, que había llegado a España expresamente para ello.

La abdicación de Amadeo de Saboya y la proclamación de la república dieron nuevo impulso a la insurrección carlista, que triunfó en Beramendi y Alpens, lo que permitió a Carlos volver a España el 16 de julio de 1873, para tomar Estella el 24 de agosto y hacer de ella su capital. En los meses siguientes, la ofensiva carlista se concentró en los triunfos de Santa Bárbara de Mañeru y de Montejurra, en el frente navarro-aragonés; en Montagut, en Cataluña, y en Segorbe, Burriana y Murviedro, en el Maestrazgo.

A comienzos de 1874 el objetivo de los carlistas era la toma de Bilbao.

Mandaban las tropas Elío, Dorregaray y Valdespina, quienes tuvieron que hacer frente, primero, a Moriones, y después, a Serrano, quien con Concha, Zavala, Primo de Rivera y López Domínguez, pudo entrar en la capital de Vizcaya a comienzos del mes de mayo y reforzar su posición. Las tropas del gobierno marcharon sobre Estella, pero allí la fuerte resistencia de los carlistas provocó un duro enfrentamiento que dio lugar a la batalla de Abárzuza, en la que murió el general Concha. Las fuerzas de Carlos intentaron entonces apoderarse de Pamplona e Irún, pero fracasaron en su intento en noviembre. La campaña tuvo que ser interrumpida por la llegada del invierno, y la proclamación de Alfonso XII mediante el pronunciamiento de Sagunto vino a dar un nuevo sesgo a la guerra.

Esa restauración de la monarquía de los Borbón les restaba apoyos en algunos sectores conservadores que se consideraban satisfechos con la vuelta de un sistema que al menos garantizaba la desaparición de la situación errática que el país había seguido en los últimos años. Pero, además, las perspectivas de mayor estabilidad política que se abrían permitieron al Ejército regular una mejor organización de las operaciones. El ejército del Norte se dividió en dos: uno, al mando de Martínez Campos, ocupó Elizondo, Irún y Tolosa, mientras que Estella caía en manos de su lugarteniente, Primo de Rivera, en febrero de 1876. El otro, al mando del general Quesada, presionó desde Bilbao y Orduña para intentar envolver al enemigo. El propio Alfonso XII decidió ponerse al frente de sus tropas, y ante esta ofensiva Carlos cruzó con sus tropas la frontera con Francia el 28 de febrero. Así terminaba la guerra y se ponía fin a las pretensiones del candidato carlista al trono español.

Óleo de E. Montserrat con el retrato del político y abogado Estanislao Figueras y Moragas, que fue primer presidente de la I República desde el 11 de febrero de 1873 hasta junio del mismo año. (Galería de Catalanes Ilustres, Barcelona.)

LA PRIMERA REPÚBLICA (1873-1874)

La República de 1873 se presenta como consecuencia del proceso revolucionario iniciado en 1868 con «La Gloriosa». El general Prim había sostenido que una república en España era inconcebible, porque el republicanismo era un credo minoritario. Sin embargo, la asamblea, compuesta por el Senado y el Congreso, votó la reforma de la Constitución en el sentido de que se declarase como forma de gobierno de la nación la república, que fue proclamada con 319 votos a favor. Figueras fue nombrado presidente del Consejo, del que formaban parte otros tres republicanos (Pi y Margall,

Retrato del intelectual y político Francisco Pi y Margall, ministro de Gobernación durante el gabinete de Figueras en 1873 y segundo presidente de la I República, hasta que fue sustituido por Nicolás Salmerón. (Ateneo de Madrid.)

Castelar y Salmerón) y cinco radicales que habían respaldado a la monarquía amadeísta (Fernández de Córdova, Echegaray, Beranguer, Becerra y F. Salmerón), mientras que Cristino Martos, también radical, fue elegido presidente de la asamblea.

En el plano internacional, la nueva república española fue reconocida solamente por los Estados Unidos y por Suiza, así como por Costa Rica y Guatemala. Sin embargo, ni la Francia de Thiers, que acababa de proclamar la III República, ni la Alemania de Bismarck, se mostraron partidarias de su reconocimiento por la desconfianza que suscitaba un sistema que podía recordar en algún momento la Comuna parisiense. Tampoco Inglaterra lo hizo por los recelos que sentía ante la posibilidad de que España llegase a establecer con Portugal una «unión ibérica» de la que no era en absoluto partidaria.

Los dirigentes del partido republicano se encontraron con una oposición bicéfala: por una parte, la de los radicales que deseaban una república no federal, sino unitaria, y, por otra, la de los federalistas extremistas, que deseaban la república federal inmediatamente, no como una imposición de arriba abajo, sino como una expresión del impulso revolucionario de la base, es decir, de abajo arriba. Desde luego, la satisfacción de las aspiraciones de éstos no era posible, y así lo reconoció el propio Pi, ya que la propuesta de proclamación de la república había sido votada con la condición de que fuesen unas Cortes constituyentes las que determinasen la forma que debía adoptar. Por eso Pi y Margall insistía en la necesidad de redactar cuanto antes un proyecto de Constitución.

Los republicanos intransigentes no compartían la actitud de Pi y Margall y alentaron los desórdenes y las manifestaciones de violencia en la mayor parte del país. En Madrid, se formó el Comité de Salud Pública, a cuyo frente estaba Roque Barcia, un visionario extremista, con el objeto de proceder a la inmediata formación de cantones. En Cataluña, el 8 de marzo, se proclamó el Estado Catalán, y la Diputación se hizo con todos los poderes, decretando la abolición del Ejército. El gobierno tuvo que reaccionar inmediatamente, pero se vio obligado a hacer concesiones a los federales. En Sevilla también se produjo un intento parecido, pero la actitud enérgica del gobernador lo impidió.

La crisis estalló el 24 de febrero como consecuencia de la disidencia entre los radicales y los republicanos federales a raíz de una discusión en torno a la renovación de las diputaciones y los ayuntamientos. Al día siguiente, el gobierno de coalición republicano-radical fue sustituido por un ministerio formado exclusivamente por republicanos en el que seguía estando a la cabeza Figueras, y como ministros de Estado, Castelar, y de Gobernación, Pi y Margall. La asamblea, sin embargo, seguía estando dominada por los radicales, y de ahí que el gobierno tratase de conseguir su disolución para proceder a unas nuevas elecciones. Éstas se efectuaron el 10 de mayo y su resultado fue de una aplastante mayoría de los federales, lo cual no era más que consecuencia del retraimiento practicado por radicales, alfonsinos y carlistas, aunque algunos se presentaron como candidatos a título individual. La participación electoral fue sólo de un 25 %, la más baja de toda la historia parlamentaria española.

Las Cortes se reunieron el 1 de junio, pero los radicales, que no renunciaron, a pesar de todo, al control sobre el gobierno, consiguieron nombrar una comisión permanente en la que se constituían mayoría (ocho radicales, tres conservadores, cinco federales y tres radicales de conciliación) para fiscalizarlo. Sin embargo, paralelamente, los radicales tramaban una conspiración para proclamar una república unitaria con la colaboración de varios generales entre los que se hallaba el general Serrano. Pi y Margall pudo disolver la comisión, con lo que los radicales desaparecieron de la escena política. Ello, no obstante, restaría al régimen republicano el concurso de la derecha, con lo cual se produciría un inevitable deslizamiento hacia la extrema izquierda, dominada por los intransigentes extremistas, dirigidos por el general Juan Contreras y por Roque Barcia.

Pi y Margall fue nombrado presidente del Consejo a raíz de la constitución de las nuevas Cortes y de la sorprendente huida a Francia de su antecesor en el cargo, Estanislao Figueras. El nuevo gobierno trató de satisfacer al mismo tiempo la aspiración de la derecha: orden; y la aspiración de la izquierda: federación. El empeño era ciertamente complicado cuando, además, Pi y Margall tenía que enfrentarse simultáneamente a la guerra carlista, a las conspiraciones alfonsinas y a los federalistas intransigentes, que habían iniciado ya un movimiento revolucionario cantonalista.

Grabado que representa el desembarco de los fugitivos insurrectos en Orán en 1874, durante el movimiento cantonalista de Cartagena.

EL MOVIMIENTO CANTONALISTA

Cuando Pi y Margall ocupó la presidencia del gobierno seguían presentes los problemas de orden público que habían acompañado a la república desde el mismo momento de su proclamación, especialmente en Andalucía. Pero aquí era precisamente donde Pi veía «la esperanza de la República contra la reacción futura». Por eso trató de conseguir que los gobernadores civiles restablecieran la normalidad en las provincias donde ésta se hallaba más alterada para no tener que recurrir al Ejército, como pretendían las autoridades militares. Málaga, y después Sevilla, Cádiz, San Fernando y Sanlúcar fueron las poblaciones en las que las agitaciones se extendieron a finales de junio y principios de julio. Aunque en algunas de ellas la situación pudo controlarse pronto,

Grabado que representa a los soldados y la marinería de los buques de guerra confraternizando con los sublevados de Cartagena. (Biblioteca Nacional, Madrid.)

la insurrección se extendió por Levante, Extremadura e incluso Castilla. Su triunfo iba acompañado de la proclamación del correspondiente cantón y de la destitución de las autoridades que aún seguían fieles al poder central.

En Alcoy, donde existía una industria manufacturera que daba trabajo a un buen número de obreros, se había instalado la sede de la Comisión Federal de la Federación Regional Española de la I Internacional. El 9 de julio, una huelga general organizada por los bakuninistas derivó hacia una situación de violencia que acabó con el asesinato del alcalde y el incendio de una fábrica. Hubo que recurrir al Ejército, que, al mando del general Velarde, pudo restablecer la situación tres días después. Cuando se sometió la sublevación de Alcoy, estalló la proclamación del cantón de Cartagena, que se produjo en colaboración con el Comité de Salud Pública de Madrid, el cual instó a los intransigentes a sublevarse para constituir una junta revolucionaria. El movimiento cantonal se vio reforzado no sólo por las tripulaciones de los buques *Almansa* y *Vitoria*, sino por el regimiento Iberia que el gobierno había mandado para sofocar la sublevación de Málaga, y que se unió a los sublevados.

Pi y Margall se enfrentaba a un difícil reto: el de proceder a la urgente y necesaria restauración del orden y la autoridad y de reducir a los insurrectos mediante la utilización de la fuerza, cosa que repugnaba a su talante democrático, a su respeto a la libertad y a su carácter antimilitarista. El 17 de julio se presentó un proyecto constitucional que había sido redactado por Castelar en veinticuatro horas. Se trataba de un documento estructurado en 117 artículos divididos en 17 títulos y por el que la nación española asumía la forma de una república federal, integrada por diferentes estados que quedaban especificados en su título I. En el título II se detallaban los derechos individuales de los españoles con una precisión similar a la de la Constitución de 1869. Otra de las novedades dignas de reseñar en este documento es la aparición de un cuarto poder que se añadía a los poderes tradicionales y que se denominaba «poder de relación», y que sería ejercido por el presidente de la república. En el título XIII se establecían las facultades de los diferentes estados que componían la nación y se delimitaban las competencias de éstos con relación al poder federal.

El proyecto fue discutido durante tres días, y en los debates se puso de manifiesto la falta de acuerdo entre los republicanos de distinto signo, lo que hizo imposible su aprobación. Antes de que finalizasen esos debates y ante los reproches que recibió Pi y Margall por parte de muchos diputados que le acusaban de ser el responsable de la insurrección cantonal por su política de concesiones y contemporizaciones, el presidente presentó la dimisión. El 18 de julio fue elegido nuevo presidente Nicolás Salmerón, con 119 votos frente a 93 que recibió Pi. En cinco meses se habían sucedido ya cinco gobiernos y dos presidentes. El tercero, Salmerón, elegido con el apoyo de los monárquicos, se disponía a adoptar una actitud de mayor firmeza ante la revolución cantonal, que se había extendido por todo el Sur y el Levante español. Sus primeras medidas consistieron en reorganizar el Ejército para intentar sanearlo y cortar los brotes de connivencia que se habían producido entre algunas unidades y los insurrectos. También formó expediente a las autoridades que habían tomado parte en las sublevaciones cantonales, como los gobernadores civiles de Murcia y Alicante, y algunos oficiales, como Pierrard y Pozas. A continuación recurrió a los militares monárquicos como Martínez Campos, o radicales como Pavía, a quienes nombró, respectivamente, capitanes generales de Valencia y Andalucía, las regiones donde se había centrado el conflicto, para que actuasen con mano dura.

Pavía reunió un ejército de unos 3.000 hombres, que fueron suficientes para ir reduciendo gradualmente los desorganizados y mal armados cantones andaluces. Córdoba, Sevilla y Cádiz fueron cayendo durante los últimos días de julio y primeros de agosto. Otras ciudades resistirían aún algunos meses, como Málaga, que no pudo ser sometida hasta el 18 de septiembre, y, sobre todo, Cartagena, que resistiría hasta el 11 de enero de 1874 el asedio al que fue sometida por parte del general José López Domínguez.

Petición de libertad para los presos republicanos en una manifestación en la Carrera de San Jerónimo, (Madrid).

La utilización de la fuerza del Ejército por parte de Salmerón le atrajo el ataque de la izquierda en las Cortes. Como, además, se negaba a firmar dos sentencias de muerte propuestas por la autoridad militar, el 5 de septiembre presentó su dimisión. Las Cortes confiaron la presencia del Consejo a Emilio Castelar, quien en la votación correspondiente obtuvo 133 votos contra los 67 que obtuvo Pi y Margall.

Castelar fue el último presidente de la república y su gestión se centró en la captación de los radicales, pues creía que su separación había sido el

Retrato del político, abogado y economista Laureano Figuerola y Ballester, ministro de Hacienda y autor del arancel que lleva su nombre. (Museo Romántico, Madrid.)

principal error de los políticos republicanos. Protegió a los monárquicos y pactó con la Santa Sede, todo lo cual significaba un importante golpe de timón para que la república se moviese hacia la derecha. Sin embargo, en este sentido su más destacado éxito fue el de recuperar la confianza del Ejército. La república se hacía conservadora y eso provocó la oposición de la izquierda, incluido el propio Salmerón, quien acusó a Castelar de crear una república que podían disfrutar los no republicanos. El gobierno fue derrotado por dos veces en el Parlamento y crecía la posibilidad de que se restableciese el sistema federalista. Ante ese peligro, el capitán general de Madrid, Manuel Pavía, irrumpió en las Cortes el 3 de enero y con unos pocos disparos de los soldados que lo acompañaban, acabó con las Cortes Constituyentes republicanas.

La república presidencialista de Serrano

Una vez disueltas las Cortes, Pavía reunió a una serie de jefes políticos y generales que se hallaban en Madrid para entregarles el poder. Serrano, Concha, Topete, Berenguer, junto con Rivero, Martos, Sagasta y algunos otros diputados, acordaron que el gobierno que se había de constituir siguiera llamándose Poder Ejecutivo de la República. Se convino también en la reunión que se nombrase presidente de la república a Serrano y que el gobierno estuviese presidido por Zavala y formado por Sagasta, Martos, Topete, José Echegaray, Tomás Mosquera, Víctor Balaguer y Eugenio García Ruiz. Así pues, la república no dejaba de existir, aunque tomaba una forma diferente, con una clientela política compuesta por la alta burguesía, la aristocracia, el clero y las clases medias y sectores populares que se veían afectados por la inseguridad y el desorden que padecía el país en aquellos momentos. El afán de concentrar las distintas fuerzas políticas en apoyo de la solución presidencialista llevó a Serrano a recabar la colaboración de Cánovas, representante de la solución alfonsina, y de Castelar, el más conservador de los republicanos. Sin embargo, ni uno ni otro aceptaron la oferta que se les hizo, pues no estaban de acuerdo con aquella salida, ni aun como fórmula transitoria.

Serrano, que sin duda había tomado como modelo al general francés Mac Mahon y a su papel en la III República francesa, dio preeminencia al Ejército y disolvió la Internacional. A los pocos días se rendía el último reducto del movimiento cantonalista, Cartagena, a las tropas del general López Domínguez. Pero aún quedaba pendiente la II Guerra Carlista, que dificultaba cualquier intento de estabilizar la situación política del país, desde el momento en que exigía atención, esfuerzos y una dedicación que había que restarle a la consolidación de un régimen cuyos perfiles no se habían dejado del todo claros. Desde enero, Bilbao estaba sitiado y el Ejército liberal no había podido romper el cerco, siendo rechazado el 6 de febrero en San Pedro de Abanto. Serrano, que había tomado el mando del Ejército del Norte para dirigir las operaciones contra los carlistas, pretendía conseguir una victoria para reforzar su posición política. Pero si en el Norte estaban los carlistas, en Madrid conspiraban abiertamente los alfonsinos, quienes tenían cada vez más partidarios entre los jefes militares. Los generales Concha, Echagüe y Martínez Campos se mostraron ya en abril de 1874 decididos partidarios del restablecimiento de una monarquía encabezada por el hijo de Isabel II.

Si el gobierno presidido por el general Zavala se limitaba a capear el temporal militar y político, en lo financiero tuvo que tomar una medida de trascendental importancia. Su ministro de Hacienda, Echegaray, hizo aprobar un decreto el 19 de marzo por el que el Banco de España recibía el monopolio de la emisión de billetes, pudiendo poner en circulación dinero por valor cuatro veces superior al encaje oro y plata, y por el quíntuplo de su capital efectivo, que fue elevado a cien millones de pesetas.

La situación económica que la revolución había heredado de la monarquía isabelina no podía ser más precaria. El ministro de Hacienda del gobierno provisional, Laureano Figuerola, lo había puesto de manifiesto a los pocos días de su nombramiento. La deuda superaba los ingresos anuales y los gastos comenzaban a crecer a raíz del triunfo de «La Gloriosa», con lo que la situación tendía a hacerse aún más difícil. La postura de Figuerola fue la de llevar a cabo una serie de reformas para llegar a la nivelación del presupuesto de forma gradual y no inmediata, como se pedía desde algunos sectores revolucionarios. Para él, el principal problema que había padecido la economía residía en los obstáculos que la política proteccionista de la era isabelina habían impuesto al desarrollo mercantil e industrial de España. De ahí que su

Oficinas del Ministerio de Hacienda cuyo titular otorgó al Banco de España el monopolio de emisión de billetes.

Interior del Congreso de los Diputados en el momento de la entrada del general Pavía, al mando de un destacamento militar, el día 3 de enero de 1874, golpe de Estado mediante el cual se derribó la I República.

principal actuación se centrase en la supresión o en la reforma de todos aquellos tributos que obstaculizaban la libertad de comercio o la circulación de mercancías.

Pero lo que más notoriedad dio al ministro Figuerola fue el arancel promulgado en 1869, el cual ha sido considerado como la máxima expresión del librecambismo español del siglo XIX. Sin embargo, esas medidas liberalizadoras con respecto al comercio exterior fueron en un principio respaldadas por conservadores y liberales. Sin duda eso fue así porque la reforma arancelaria contenía más bien un sistema de protección moderado que un abierto librecambismo. Lo cierto es que, a pesar de sus inconvenientes, la reforma estimuló la circulación de mercancías y también la circulación de numerario. Las acuñaciones aumentaron durante el reinado de Amadeo I y eso refleja una nueva coyuntura en la que se advertía una relativamente abundante presencia de dinero. Tuñón de Lara afirma que el comercio exterior y la producción durante el año de la república se mantuvieron bien y la balanza comercial tuvo su único año de saldo favorable. En cambio, la brusca subida del oro en el mercado nacional agravó la situación por el retraimiento de las clases adineradas que prefirieron guardar sus reservas. Los fondos públicos bajaron y las peticiones de reembolsar billetes aumentaron. Se produjo una cierta crisis bancaria, pero las mayores consecuencias las sufrió el régimen presidido por el general Serrano.

El 3 de septiembre Zavala dimitió y fue sustituido por Sagasta, lo que no evitó que los alfonsinos siguiesen conspirando. A finales de 1874, España había alcanzado su máximo grado de cansancio político. Después de una revolución, un régimen provisional, una monarquía democrática y una república que había atravesado en su corta duración por dos fases diferentes, ahora el régimen del general Serrano se mostraba falto de perspectivas y con escaso futuro. La rueda política estaba a punto de completar un giro de 360 grados, y de nuevo la monarquía borbónica aparecía como la única salida posible a tantos intentos frustrados de encontrar una nueva solución política para el país.